21. Sitzung

der Enquete-Kommission
"Aufarbeitung von Geschichte
und Folgen der SED-Diktatur
in Deutschland"

am 1. Dezember 1992

Die Deutsche Bibliothek - CIP-Einheitsaufnahme

Die SED-Diktatur : politische, geistige und psychosoziale
Unterdrückungsmechanismen : Erfahrungen im Alltag ; vom
01.12.1992 / Deutscher Bundestag, Referat Öffentlichkeitsarbeit.
- Bonn : Dt. Bundestag, Referat Öffentlichkeitsarbeit, 1993
 (... Sitzung der Enquete-Kommission "Aufarbeitung von Geschichte
 und Folgen der SED-Diktatur in Deutschland" ; 21)
 ISBN 3-930341-03-4
NE: Deutschland / Bundestag; Deutschland / Enquete-Kommission
 Aufarbeitung von Geschichte und Folgen der SED-Diktatur in
 Deutschland: ... Sitzung der ...

WG: 63;11;14	DBN 93.173484.3	93.11.15
8330	krg	

Herausgeber:

Deutscher Bundestag

Referat Öffentlichkeitsarbeit

Bonn 1993

Inhaltsverzeichnis

Einleitung

Protokoll der Anhörung

"Die SED-Diktatur - politische, geistige und psychosoziale Unterdrückungsmechanismen/Erfahrungen im Alltag"
- 2.Teil -

Eröffnung

Vorsitzender Rainer Eppelmann..1

Vortrag:

Prof. Dr. Wolfgang Schuller, Konstanz..1

"Repressionsmechanismen in der DDR - Auswirkungen auf den Alltag"

Podiumsgespräch zu dem Thema
"Politische Verfolgung im realen Sozialismus"..............................12

Eva-Maria Stege, Berlin...13
Hary Seidel, Berlin...14
Ilona Rothe, Erfurt...15
Dr. Siegfried Schmutzler, Berlin..17
Rolf Schälike, Hamburg..19
Ulrich Schacht, Hamburg...22

Öffentliche Pressekonferenz
der Präsidentin des Deutschen Bundestages
und der Obleute der Enquete-Kommission......................................73

Sprecherregister

Einleitung

Der Förderung von fundierten Kenntnissen über die alltäglichen Lebensbedingungen in einer Diktatur galt die öffentliche Anhörung über die politischen, geistigen und psychosozialen Unterdrückungsmechanismen in der DDR. Ein Staat, in dem die Gewährung von Pluralismus und freier Meinungsäußerung für die Machthaber ein existenzbedrohendes Risiko bedeutet hätte, mußte sich das unfreiwillige Wohlverhalten seiner Bürger durch doktrinäre Anleitung ihres Denkens und Handelns sichern. Sowohl die ideologische Konzeption als auch die Praxis der "sozialistischen Gesellschaft" verlangten von den Bürgern Anpassung und Unterordnung. Dabei stand es im selbstherrlichen Ermessen des Staates, individuelle Entwicklungs- und Gestaltungschancen in Ausbildung, Beruf und Freizeit zu reglementieren und die Bürger durch die Androhung von Beschränkung und Entzug zu Verzicht und Anpassungsverhalten zu nötigen.

Nicht theoretische Beschreibungen, sondern authentische Erfahrungen betroffener Zeitzeugen standen bei dieser Anhörung im Berliner Reichstag im Vordergrund. Während die drei einleitenden Vorträge von Ehrhart Neubert, Wolfgang Templin und Professor Wolfgang Schuller die Rahmenbedingungen skizzierten, in denen die Unterdrückungsmechanismen ihre Wirkung entfalten konnten, lag das Schwergewicht der Veranstaltung auf drei Gesprächsrunden mit Zeitzeugen, an die sich jeweils Fragen und Beiträge der Kommissionsmitglieder und weiterer Zuhörer anschlossen. Dabei befaßten sich Vorträge und Podiumsgespräche im wesentlichen mit den folgenden Leitfragen:

1. Welche Formen der staatlichen Repression kamen in den verschiedenen Phasen der DDR-Geschichte zur Anwendung? Mit welchen Methoden versuchte der Staat, Anpassungsbereitschaft der Bürger zu erzwingen und kritisches Potential zu neutralisieren?
2. Wie erlebten Menschen die Fremdbestimmung? Wie bewältigten sie den Anpassungsdruck, dem jeder Bürger ausgesetzt war?
3. Wodurch waren die individuellen Entscheidungssituationen geprägt, in denen passive Verweigerung in bekennende Opposition umgeschlagen ist? Welche staatlichen Gegenmaßnahmen hatte dies zur Folge?
4. Welche psychischen Folgen hat das persönliche Erleben der Diktatur hinterlassen? Wie gehen die Betroffenen heute mit dieser Erfahrung um?

In dieser Anhörung im Berliner Reichstag erfuhr die Enquete-Kommission von individuellem und dennoch exemplarischem Erleben in vierzig Jahren SED-Diktatur: Es gab den Jugendlichen, dem trotz guter Leistungen der Besuch einer weiterführenden Schule verweigert wurde; die Mutter, die in den Monaten nach dem Mauerbau ihr schwerkrankes Kleinkind im Krankenhaus in Berlin (West) nicht besuchen durfte; der Unternehmer, dem Schritt für Schritt die Grundlagen für eine eigenständige wirtschaftliche Existenz beschnitten wurden; oder die Pädagogin, die an ihrer Arbeitsstelle bespitzelt wurde, weil sie sich fragwürdigen Erziehungsmethoden in ihrem Jugendheim verweigerte.

Es handelt sich um einzelne Beispiele aus dem Alltag der SED-Diktatur, die nicht den Anspruch auf eine repräsentative Auswahl aus allen in der DDR erlebten Schicksalen erheben können. Jeder Fall hat seine eigene Geschichte und seine eigenen Bedingungen. Dennoch besteht auch unter Berücksichtigung der Unterschiede hinsichtlich des jeweiligen Ausmasses der staatlichen Repression und der erlittenen Folgen ein gemeinsamer Nenner darin, daß es sich bei den Zeitzeugen um Menschen handelt, die wegen ihrer weltanschaulichen und politischen Ansichten, wegen ihrer sozialen Herkunft oder ihres offenen und kritischen Wortes als Außenseiter diskriminiert wurden. Einige sahen sich ganz unvermittelt und für sie selbst überraschend außerhalb der normierten DDR-Gesellschaft gestellt, andere haben sich in Kenntnis des persönlichen Risikos in eine solche Situation selbst hineinbegeben.

Die Anhörung machte deutlich, daß im SED-Staat ein vielfältiges, ebenso subtiles wie brutales System der Repression gegen seine Bürger bestand. Sein Einfluß auf den Alltag in der DDR war bedeutend. Unabhängig vom Charakter der individuellen Bewältigungstrategie, unabhängig vom Ausmaß persönlicher Anpassungs-, Verweigerungs- und Widerstandsbereitschaft konnte sich kaum jemand den staatlichen Unterdrückungsmechanismen und den an ihn gestellten Anforderungen gänzlich entziehen. Je nach den gegebenen Umständen mußten die Menschen sich unterschiedlicher Verhaltensweisen bedienen. In der einen Situation paßte man sich an, in einem anderen Fall wich man aus oder riskierte bei anderer Gelegenheit ein offenes Wort.

Die Berliner Anhörung hat für die Arbeit der Enquete-Kommission tiefe Spuren hinterlassen, indem sie z.T. erschütternde persönliche Schicksale vor Augen führte, die den Mitgliedern der Kommission bei ihrer Arbeit in den verschiedenen Themenbereichen über die Machtstrukturen, die Justiz oder die Deutschlandpolitik bewußt bleiben werden. Die Anhörung hat zudem das Bewußtsein für die Tatsache geschärft, daß persönliches Leid und Verzicht, die von Menschen in der DDR gegen ihren Willen und gegen ihre Leistungsfähigkeit ertragen werden mußten, nur mittelbar durch eine Analyse der "großen Politik" und der übergreifenden historischen Entwicklungslinien erfaßt werden können. Die zum Alltag in der DDR gehörende Repression und die damit verbundene persönliche Ohnmacht gegenüber einem unangreifbaren Staatsapparat machen es verständlich, daß viele Wunden auch nach Jahren noch nicht verheilt sind. Andererseits ist bei vielen Betroffenen das Bedürfnis zum Gespräch über die Erlebnisse noch sehr groß.

Ausgehend von dieser Anhörung stellt sich für die Enquete-Kommission die Frage, welche Formen von Repression und Schädigung es gab, wie bisher der Gesetzgeber durch Rehabilitierung, Entschädigung, Wiedergutmachung reagierte und wo Defizite bestehen.

Die Enquete-Kommission hat im Verlauf ihrer bisherigen Arbeit die Erfahrung gemacht, daß mancher durchaus geläufige Begriff unversehens fragwürdig werden kann, da er bei vertiefter Kenntnis die Vielfalt der Erlebnisse und Erfahrungen in einer Diktatur nur sehr unvollkommen zu beschreiben vermag. Dies gilt z.B. für den Begriff der "Opferanhörung", der gerade auch im Bewußtsein der hier dokumentierten Erfahrungen über entwürdigende Unterdrückung berechtigt ist. Zugleich drängen sich jedoch neue Fragen auf. Waren z.B. alle Menschen Opfer, weil sie in der DDR lebten? Was bedeutete "Normalität" im SED-Staat? In diesem Zusammenhang beeindruckte die Aussage eines Zeitzeugen, der in der Rückschau auf die für ihn in den fünfziger Jahren noch mögliche Alternative zwischen einem Neuanfang im Westen und dem Verbleiben in der DDR so resümierte: "Wir haben unser Leben hier in diesem Land verbringen müssen, weil wir hierblieben und nicht abgehauen sind, weil es ja auch hier Leute geben mußte, die was machten".

Die Anhörung im Berliner Reichstag sollte und darf nur ein Anfang für ein allgemeines Bürgergespräch sein. Zahlreiche Aspekte konnten nur in knapper Form angesprochen werden. Wenn die vorliegende Dokumentation es vermag, Material und Anstöße für Auseinandersetzungen mit den Lebensbedingungen in der SED-Diktatur zu geben, dann wurde mit dieser Arbeit ein wichtiger Beitrag geleistet.

Der Dokumentation seien viele aufmerksame und sensible Leser gewünscht.

Bonn, im Dezember 1993

Rainer Eppelmann, MdB
Vorsitzender

Prof. Dr. Alexander Fischer
Dirk Hansen, MdB
Dr. Armin Mitter
Prof. Dr. Hermann Weber
Prof. Dr. Herbert Wolf
Martin Rißmann, wiss. Mitarbeiter

(Berichterstattergruppe für das Themenfeld "Machstrukturen und Entscheidungsmechanismen im SED-Staat und die Frage der Verantwortung")

DEUTSCHER BUNDESTAG Protokoll Nr. 21
12. Wahlperiode
Enquete-Kommission
"Aufarbeitung von Geschichte
und Folgen der SED-Diktatur
in Deutschland"

Protokoll

der 21. Sitzung

der Enquete-Kommission
"Aufarbeitung von Geschichte und Folgen der SED-Diktatur in
Deutschland"

am Dienstag, dem 1. Dezember 1992, 9.00 Uhr

in Berlin, Reichstagsgebäude, Plenarsaal

Vorsitz: Abg. Rainer Eppelmann (CDU/CSU)

Einziger Punkt der Tagesordnung

Öffentliche Anhörung zu dem Thema

"Die SED-Diktatur - politische, geistige und psychosoziale
   Unterdrückungsmechanismen/Erfahrungen im Alltag"

- 2. Teil -

Dienstag d. 01. Dez. 92   9:00

Deutscher Bundestag

Anwesenheitsliste

Sitzung der Enquete-Kommission "Aufarbeitung von Geschichte und Folgen der SED-Diktatur in Deutschland"

Ordentliche Mitglieder der Enquete-Kommission	Unterschrift	Stellvertretende Mitglieder der Enquete-Kommission	Unterschrift
Abgeordnete(r) CDU/CSU		**Abgeordnete(r) CDU/CSU**	
Dehnel, Wolfgang	*Dehnel*	Böhm(Melsungen), Wilfried	
Eppelmann, Rainer	*[Signature]*	Dr.-Ing. Jork, Rainer	
Dr. Kahl, Harald	*[Signature]*	Koschyk, Hartmut	
Dr. Krause(Bonese), Rudolf	*Dr. Krause*	Michalk, Maria	
Lehne, Klaus-Heiner	entschuldigt	Frhr. v. Schorlemer, Reinhard	
Dr. Müller, Günther	entschuldigt	Skowron, Werner	
Dr. Wilms, Dorothee	*[Signature]*	Dr. Wisniewski, Roswitha	
		Dr. Pfennig	*Pfennig*
SPD		**SPD**	
Hanewinckel, Christel	entschuldigt	Barbe, Angelika	*B.W.*
Hilsberg, Stephan	*[Signature]*	Fischer(Gräfenhainichen), Evelin	
Meckel, Markus	*Meckel*	Dr. Soell, Hartmut	
von Renesse, Margot	entschuldigt	Thierse, Wolfgang	
Weisskirchen(Wiesloch), Gert		Weißgerber, Gunter	
F.D.P.		**F.D.P.**	
Hansen, Dirk	*Hansen*	Hackel, Heinz-Dieter	
Dr. Schmieder, Jürgen	*[Signature]*	Lüder, Wolfgang	
PDS/LL		**PDS/LL**	
Dr. Keller, Dietmar		Dr. Modrow, Hans	
BÜNDNIS 90/DIE GRÜNEN		**BÜNDNIS 90/DIE GRÜNEN**	
Poppe, Gerd	*[Signature]*	Dr. Ullmann, Wolfgang	

als Sachverständige:

Dr. Faulenbach, Bernd
Prof. Dr. Fischer, Alexander
Fricke, Karl-Wilhelm
Gutzeit, Martin
Kempowski, Walter
Dr. Mitter, Armin x)
Pssauer, Martin-Michael
Prof. Dr. Schroeder, Friedrich-Christian
Prof. Dr. Weber, Hermann
Prof. Dr. Wilke, Manfred
Prof. Dr. Wolf, Herbert x)

---

x) mitwirkende Sachverständige

	Fraktions- und Gruppen- vorsitzende:	Vertreter:
CDU/CSU	....	....
SPD	....	....
FDP	....	....
PDS/LL	....	....
BÜNDNIS 90/DIE GRÜNEN....................		....

Fraktions- und Gruppen-mitarbeiter: Fraktion/Gruppe: Unterschrift

(Name bitte Druckschrift)

Name	Fraktion/Gruppe	Unterschrift
FINN GRÖNDAHL	FDP-Fraktion CDU/CSU	*(signature)*
Baron Lehmann	Bündnis '90 DIE GRÜNEN	Baron
Dejon	S.P.D	*(signature)*
Bole	F.D.P.	*(signature)*
HOFF	....	*(signature)*
Dill	CDU	

Ministerium bzw. Dienststelle (bitte Druckschrift)	Name (bitte Druckschrift)	Dienststellung (in Druckschrift, nicht abgekürzt)	Unterschrift
BMI	HOESCH	MR	
BMJ	Locher	RD	
BMJ	MEYER-SEITZ	R-66	
BMJS	KUHRT	VA	
BMI	SERAPHIM	Min Dirig	
	Schröter		

Vorsitzender Rainer Eppelmann: Meine sehr verehrten Damen und Herren! Liebe Kolleginnen und Kollegen! Im Namen der Enquete-Kommission möchte ich Ihnen allen ganz herzlich für Ihr Interesse danken, dafür, daß Sie heute wieder zu uns gekommen sind und auch am zweiten Tag an unserer Anhörung teilnehmen. Herzlichen Dank auch den wiedergekommenen Journalisten, insbesondere dafür, daß sie gestern noch gearbeitet haben, damit die Öffentlichkeit heute erfahren kann, daß wir gestern zusammen waren und heute wieder hier sind.

Wir werden uns auch heute erinnern, erinnern lassen und erinnern müssen. Aufarbeitung von Vergangenheit ist ohne erinnern nicht möglich. Wir, die wir gestern hier waren, haben miterleben und erfahren können, wie weh es tun kann, sich wieder zu erinnern, auch wie weh es tun kann, solchen Erinnerungen zuzuhören. Wenn uns die Aufarbeitung der Geschichte und der Folgen der SED-Diktatur aber gelingen soll, dann werden wir uns diesem Prozeß des Erinnerns immer wieder unterziehen müssen. So auch heute.

Wir werden zunächst einen Vortrag über "Repressionsmechanismen in der DDR - Auswirkungen auf den Alltag" von Herrn Professor Dr. Wolfgang Schuller aus Konstanz hören und dann in einer Form, wie wir sie gestern schon kennengelernt haben, eine Podiumsdiskussion mit Zeitzeugen unter der Leitung von Karl Wilhelm Fricke "Politische Verfolgung im realen Sozialismus" durchführen. Gegen 12.00 Uhr wird die Präsidentin des Deutschen Bundestages unter uns sein und ein kurzes Wort an uns richten. Mit einer Pressekonferenz wird diese zweitägige Anhörung heute enden.

Bevor wir wieder in das ganz persönliche Erinnern hineingehen, jetzt ein Vortrag, der grundsätzlicher, wissenschaftlicher ist. Ich bitte Sie, das Wort zu nehmen, Herr Professor Dr. Wolfgang Schuller.

Sv Dr. Schuller: Meine Damen und Herren! Die Zeit ist schon ein bißchen weit fortgeschritten. Ich will versuchen, mich kurz zu fassen. Sie werden mit mir heute einen regulären Westler hören, der sich allerdings - das ist vielleicht auch der Grund, weshalb ich eingeladen worden bin -

schon lange, bevor es sonst im Westen solch eine Massenbewegung gewesen ist, um die Dinge gekümmert hat, die in der DDR geschehen sind. Weshalb ich hier wohl auch eingeladen worden bin, ist die Tatsache, daß ich eine merkwürdige Kombination von Jurist und Historiker bin. Ich habe meine Doktorarbeit über das politische Strafrecht der DDR geschrieben. Das ist ein dickes Buch, das, wie Sie sich denken können, vor dem Zusammenbruch des Kommunismus in der DDR im Westen großenteils auf Desinteresse gestoßen ist, das aber jetzt zu wirken beginnt. Außerdem bin ich Historiker geworden, und diese Kombination ist es wohl, derentwegen ich hierher eingeladen worden bin.

Die Repression in der Gesellschaft der DDR ist kein Thema gewesen, das die professionelle DDR-Forschung in der Bundesrepublik sehr beschäftigt hat. Daran hat man gern vorbeigesehen. Mein Kollege Hermann Weber ist eine der großen Ausnahmen. Er hat das in seinen Büchern über die DDR immer thematisiert. Aber sonst war es eher etwas, was man ungern zur Kenntnis genommen hat.

(Beifall der Abg. Angelika Barbe (SPD))

Meine Aufgabe ist es weniger, hier Details vorzutragen, obwohl ich beispielshalber dann auch auf Details kommen werde - diese sind großenteils bekannt und werden hier immer benannt -, sondern ich will einen allgemeinen Rahmen für die Einordnung dieser Dinge, so wie ich sie mir vorstelle, darlegen und werde meine kurzen Ausführungen in drei Teile untergliedern: Erstens die direkten Repressionsmaßnahmen - diesen Teil werde ich sehr kurz machen -, zweitens - das halte ich für sehr wichtig -, wie diese direkten Repressionsmaßnahmen durch strukturelle, indirekte ergänzt worden sind, die eigentlich die Basis dafür darstellten, daß sie wirken konnten und letztens die allgemeinen Rahmenbedingungen in der Gesellschaft der DDR. Gestern hat sich durch eine Frage gezeigt, daß es wichtig ist, auf diese Dinge einzugehen.

Was ich hier vortrage, wird etwas abstrakt und akademisch sein, aber ich werde frei sprechen - das macht es vielleicht etwas lebendiger -, und es wird in weniger als einer halben Stunde vorbei sein.

Also erstens die unmittelbaren Repressionsmaßnahmen, das, was wirklich sichtbar geworden ist. Das Unmittelbarste und Deutlichste, das, worüber auch am meisten geschrieben werden kann, ist natürlich das politische Strafrecht der DDR, wobei auch eher unpolitische Teile des Strafrechts unter den allgemeinen Bedingungen in der DDR politischen Charakter bekommen haben.

Vielleicht ist es gut, wenn ein Historiker hier einmal sagt, was die Charakteristiken dieses politischen Strafrechts und überhaupt des Strafrechts oder sogar des Rechts der DDR gewesen sind, um es - auch anläßlich des Prozesses gegen Erich Honecker und andere, die nun einen rechtsstaatlichen Prozeß bekommen - ganz deutlich zu machen.

Das Strafrechtssystem und insbesondere auch das Prozessuale in der DDR läßt sich vor diesem Hintergrund besonders deutlich erkennen, wenn man sich darüber klar wird, was der Rechtsstaat ist. Der Rechtsstaat ist historisch eine Errungenschaft der Aufklärung des 18. und des 19. Jahrhunderts, die darauf aus war, zu verhindern, daß der Strafprozeß und das Bestrafen von Menschen einfach nur eine Exekutivmaßnahme des Staates ist, um Gehorsam zu erzwingen. Die Unabhängigkeit der Justiz und das Verhindern, daß jemand anders, nämlich der Staat - entweder direkt oder im Hintergrund -, die Fäden zieht, das ist im Kern das, was den Rechtsstaat ausmacht.

Wie Sie alle wissen, ist in der Deutschen Demokratischen Republik diese Errungenschaft, die in sehr langen Kämpfen erkämpft worden ist, nun regulär rückgängig gemacht, ja ich würde sagen, sogar noch hinter den Absolutismus zurückgedrängt worden.

Ein großer Teil von Ihnen hat selbst die Erfahrung gemacht, daß nicht nur hinter den Kulissen, sondern zum Teil auch ganz offen andere Instanzen die Prozesse gelenkt und entschieden haben als die Richter, die es eigentlich tun sollten, wobei vorsichtshalber auch die Richter selbst in dieses System der Parteijustiz eingebunden gewesen sind. Das Ministerium für Staatssicherheit, das die Untersuchungen in einem völlig rechtsfreien Raum führte, spielte die wesentliche Rolle dabei.

Also das Ministerium für Staatssicherheit als die entscheidende Instanz im politischen Strafrecht der DDR, als die unmittelbarste der unmittelbaren politischen Repression.

Die sonstige Tätigkeit des Ministeriums für Staatssicherheit will ich nur benennen, weil sie allen bekannt ist. Das ist die Tätigkeit, die in den Medien vor allen Dingen vorkommt, wobei diese erstere, die Tätigkeit als Untersuchungsorgan, für mein Gefühl sehr zu Unrecht zurücktritt. Wir haben gestern abend in Hohenschönhausen ja einen physischen Eindruck davon bekommen, wie das in etwa ausgesehen hat.

Die sonstige MfS-Tätigkeit, also die Bespitzelung, die operativen Vorgänge, die sicherheitspolitischen Überprüfungen, die Zersetzungsmaßnahmen - daß man sich nicht geschämt hat, das auch noch so zu nennen -, gehört auch zu den unmittelbaren Repressionsmechanismen.

Dazu gehören weiter, schon etwas ins Indirekte gehend, die Möglichkeiten des von der Partei beherrschten Staates - ich werde dazu noch etwas sagen -, Leute mit entsprechenden Folgen als Asoziale zu deklarieren, die Ausgabe der provisorischen Personalausweise, die Stigmatisierung der Menschen durch diese Dinge bis hin zur Einweisung in psychiatrische Kliniken.

Unter den unmittelbaren Repressionsmaßnahmen müßten natürlich die Repressionen und Drangsalierungen im Betrieb ausführlich dargestellt werden. Ich kann das hier aus Zeitgründen nicht tun. Die ganz feste Einbindung in die jeweiligen Betriebe war natürlich auch eine Voraussetzung, Menschen durch berufliche Behinderungen unmittelbar zu reprimieren, bis hin dazu, daß man zur Strafe - was für einen Arbeiter-und-Bauern-Staat auch ja eine merkwürdige Sache war - in die Produktion geschickt werden konnte. Viele, die ich gesprochen habe, denen das so gegangen ist, sind nachträglich - das ist natürlich eine positive Errungenschaft - stolz darauf, daß sie sich auch in dieser Weise bewährt haben. Doch gemeint war es als Strafe.

Das waren also ein paar Worte zur unmittelbaren Repression, zu Sachverhalten, die großenteils bekannt sind.

Etwas ausführlicher muß man vielleicht auf das zu sprechen kommen - das ist der zweite Gesichtspunkt -, was die westliche Sozialwissenschaft oder auch linke Bewegungen dem Westen gegenüber die "strukturelle Gewalt" genannt haben: eine Art des Aufbaus der Gesellschaft, daß man durch die Einbindung der Menschen auf diese sehr groben und direkten Maßnahmen der unmittelbaren Repression gar nicht mehr zurückgreifen mußte, also der, jedenfalls der Idee nach, fast militärisch geordnete Gesellschaftsaufbau, die Bürokratisierung der Gesellschaft - sogar doppelt, in Staat und Partei, wobei die Partei sehr viel wichtiger war und dem Staat befehlen konnte. Wir haben gestern gehört, wie das schon im Kindergarten anfing, wie diese furchtbare Behandlung der Kinder auf der Schule weiterging. Auch dafür gab es gestern Beispiele.

Ich möchte für die strukturelle, für die mittelbare Repressionssystematik in der Deutschen Demokratischen Republik zwei allgemeine Stichworte geben.

Das eine wäre die Vernetzung. Es gab ein großes undurchdringliches und allumfassendes Netz von staatlichen Maßnahmen und von prophylaktischen Behinderungsmaßnahmen. Wir haben gestern auch Beispiele dafür gehört, daß durch das Prinzip der Kaderakten jeder - der Idee nach, es hat ja Gott sei Dank Möglichkeiten gegeben, sich ab und zu davon zu trennen - unter ständiger Aufsicht war. Wenn er irgendwo angeeckt ist, hatte er keine oder nur eine geringe Chance, anderswo anzukommen. Also die Vernetzung, insbesondere im beruflichen Bereich.

Das zweite Prinzip dieser mittelbaren Repressionsmaßnahmen ist - etwas polemisch, aber, wie ich glaube, doch zutreffend - mit dem "Mafia-Prinzip" zu bezeichnen, das darin besteht, daß man sich Anhänger, Untertanen oder Gehorsame erziehen oder beschaffen kann, daß man diejenigen, auf die es einen ankommt, die man gefügig machen will, in Schuld verstrickt, daß man ihnen anbietet: Tue das und das, dann wird dir dieser oder jener Wunsch beruflicher oder persönlicher Art erfüllt, du kannst dein Lebensziel - du lebst nur einmal - nur dadurch erreichen, daß du mit uns mitmachst. Viele haben dem widerstanden, aber sehr viele nicht. Ich beurteile das hier überhaupt nicht, auch als Westler tue ich das nicht, aber benannt werden muß es. Es war auch ein Prinzip, mit dem mittelbar Repression ausgeübt worden ist.

Noch ein paar Beispiele. Die Genehmigungspflicht: Unendlich viel mußte in der Deutschen Demokratischen Republik erst einmal erlaubt werden. Man könnte es fast umgekehrt sagen: Die Vermutung bestand, daß das, was nicht erlaubt worden ist, verboten war. Wirtschaftliche Betätigung bedurfte der Erlaubnis. Wir haben auch dafür gestern ein Beispiel gehört. Das lesen zu dürfen, was man wollte, war ebenfalls erlaubnisbedürftig. Reisen war erlaubnisbedürftig, insbesondere das Ausreisen, insbesondere in den Westen.

Auch Wohltaten, die das Regime verteilte - es verteilte zwar schwach dosierte Wohltaten, aber vor dem allgemeinen Hintergrund doch immerhin Wohltaten -, gab es immer unter der auflösenden Bedingung, daß das wieder rückgängig gemacht werden konnte und daß man demjenigen, der diese Wohltaten erteilte, dankbar zu sein hatte.

Die Berufslenkung: Es gab keinerlei Möglichkeit der freien Berufswahl, und zwar zum Teil aus objektiven Gründen - in der ganzen Welt kann nicht jeder unbedingt das werden, was er gern möchte -, aber auch aus struktureller Planung. Damit gab es natürlich auch das Umgekehrte - das ist eben die Kehrseite der Wohltat, daß einem Berufe ermöglicht werden -, daß einem bewußt nicht ermöglicht wird, bestimmte Berufe zu ergreifen, also das strukturelle Berufsverbot.

Zur mittelbaren und strukturellen Repression möchte ich auch das Informationsmonopol des Staates bzw. der Partei, die sich einen Staat geschaffen hat, zählen. Damit sollte die Herrschaft über die Gehirne erreicht werden. Damit sollte das Verhalten gesteuert werden, und zwar nicht nur negativ, daß man von bestimmten, von sehr vielen Informationen und Informationsmöglichkeiten ausgeschlossen worden ist, sondern natürlich auch positiv, indem das, was dann gegeben wurde, inhaltlich gefüllt wurde. Das ist keineswegs mehr unter "Information" zu subsumieren, sondern unter "Propaganda" und "Gehirnwäsche".

Man könnte auch einen gewissermaßen ungewollten, aber doch sehr wirksamen Repressionssachverhalt erwähnen: den allgemeinen Mangel - im Verhältnis zu den anderen vergleichbaren Gesellschaften - an äußeren Möglichkeiten, sich zu verwirklichen, also den Mangel an Waren aller Art, der ebenfalls disziplinierend wirkte.

Auf den dritten und letzten Gesichtspunkt, den ich in diesem Rahmen für den wichtigsten halte, werde ich etwas ausführlicher eingehen als auf die ersten beiden, die ich aus Zeitgründen nur in Skizzen summarisch vortragen konnte. Er beinhaltet die allgemeinen Rahmenbedingungen, die sich auf diese sehr konkreten Repressionsmaßnahmen ganz entscheidend ausgewirkt haben. Das wird im allgemeinen zu wenig beachtet, und damit wird die Relevanz dessen, was konkret geschehen ist, nicht richtig - um ein DDR-Wort zu benutzen - eingeschätzt.

Alles das, was man an direkten und zum Teil auch an indirekten Repressionsmaßnahmen und Sachverhalten nennen kann, könnte ja, für sich betrachtet, auch anderswo vorkommen. In dem Land meiner unmittelbaren Nachbarschaft, in der Schweiz, gab es vor ein paar Jahren einen fürchterlichen Skandal, weil sich herausstellte, daß die schweizerische Geheimpolizei bis ins letzte Dorf über die Bürgermeister usw. - über erstaunlich viele Leute - Akten angelegt hat. Da sind Berichte geschrieben worden: Der und der gießt seine Blumen regelmäßig. In der Ehe funktioniert es oder funktioniert es nicht. Er äußert manchmal sehr merkwürdige Ansichten, die gar nicht so staatsfreundlich sind, und ähnliche Dinge.

Auch zahlreiche andere Maßnahmen und Sachverhalte können, einzeln, für sich betrachtet, auch anderswo vorkommen. Gestern ist aus Ihrer Kommission eine Frage an eine Zeitzeugin gestellt worden, die als eine typische Westler-Frage vielleicht auch selbstironisch deklariert worden ist: was denn daran eigentlich so schlimmes gewesen sei, wenn man als Angehörige der Schule oder auch als Eltern vor einen Vorgesetzten o. ä. zitiert wurde, das gebe es doch auch anderswo, wo eigentlich da das Spezifische liege.

Zu diesem Sachverhalt, daß Dinge, einzeln betrachtet, gar nicht so aufregend sein müssen, will ich durch die Darlegung der Rahmenbedingungen ein paar Hinweise geben. Das ist dann die Ausfüllung des Themas, wie die Repressionsmechanismen im gesamtgesellschaftlichen System funktioniert haben. Vier Gesichtspunkte will ich dafür vortragen.

Der erste ist die Tatsache, daß sich das politische System der Deutschen Demokratischen Republik als unabänderlich, als unerbittlich dargestellt hat. Keinerlei Aussicht darauf sollte aufkommen, daß sich irgend etwas ändern könnte, sondern es war eine bleierne Gewißheit, daß es immer so bleiben würde. Das lag daran, daß eine Partei mit dem Anspruch auf totale Macht, auf richtige und totale Welterkenntnis sich ein Machtmonopol zugelegt hat, eine Partei, die die gesamte Gesellschaft durchdrang oder durchdringen wollte, eine Partei, zum Teil - und ursprünglich vielleicht generell - mit einem eschatolgischen Sendungsbewußtsein, das aber - das ist gestern schon einmal kurz angeklungen - allmählich durch dauernden Machtgebrauch und -mißbrauch, auch durch nackten Zynismus ersetzt werden konnte, Zynismus, dem es nur noch auf die Machterhaltung ankam, und eine Partei, die einen sehr großen und - bis auf die Schlußphase - auch untrüglichen Machtwillen und Machtinstinkt hatte. Diese Partei hat das geschaffen, was ich unter den indirekten Maßnahmen nannte, dieses Netzwerk, die Vernetzung, die die vollständige Durchdringung der Gesellschaft bewerkstelligt hatte. Bert Brecht hat ja am Kapitalismus sehr prägnante Kritik geübt. Ich habe jahrzehntelang immer wieder feststellen können, daß die Kritik, die Bert Brecht am kapitalistischen System geübt hat, auf dieses System teilweise wirklich zutraf. Aber vollkommen und hundertprozentig trafen seine Äußerungen - ungewollt - auf das real-sozialistische System zu. Diesen Punkt eins dieser allgemeinen Rahmenbedingungen, der so entscheidend ist, drückt Bert Brecht so aus, daß er sagt: Keine Stimme ertönt außer der Stimme der Herrschenden.

Der zweite Punkt dieser allgemeinen Gesichtspunkte ist, daß es keine Öffentlichkeit gegeben hat, keine Kommunikationsmöglichkeit. Dieser abstrakte Satz wird konkretisiert durch die Feststellung, daß man sich gegen all das, was ich unter direkten und indirekten Maßnahmen angetippt habe, nicht wehren konnte. Wenn solche Dinge irgendwo vorkommen - was immer geschehen ist, beispielsweise in der Schweiz -, dann gibt es große Presseskandale. In dem Moment, wo das an die Öffentlichkeit kommt, ist es weg, ist es zerplatzt. Man kann sich dagegen wehren. In der DDR konnte man sich nicht dagegen wehren, man mußte schweigen. Wer aus Lagern und Gefängnissen entlassen war, mußte eine Schweigeverpflichtung auf sich nehmen. Wir haben gestern auch gehört, welche seelischen Eruptionen das Jetzt-nicht-mehr-schweigen-Müssen hervorrufen kann, weil man vieles in sich hineingenommen, in sich hineingefressen und versucht hat, zu vergessen und zu verdrängen. Das Schweigenmüssen, das Nicht-sagen-Können, das Sich-nicht-wehren-Können sind wesentliche Strukturelemente dieser Repression in der sozialistischen Gesellschaft.

Man konnte, wie Sie wissen, Eingaben machen. Aber wir haben gestern gehört, daß Eingaben manchmal zur Folge haben konnten, daß plötzlich Leute an der Tür klingelten und die Eingabenmacher mit direkten Repressionsmaßnahmen behandelten. Sie wissen auch, daß über den FDGB durchaus das eine oder andere Kleine geschehen konnte. Aber man konnte eben nicht an die Zeitungen gehen, man konnte sich nicht beschweren, und auch die private Kommunikation untereinander war sehr eingeschränkt.

Ergebnis Punkt zwei: Keine Öffentlichkeit, sondern Isolierung des einzelnen.

Dritter Punkt. Wenn das alles durch Vorschriften geregelt gewesen wäre, wenn man genau gewußt hätte, wie man sich verhalten soll, dann wäre es vielleicht auch noch ertragbar gewesen. Ich meine, in "normal" autoritären Staaten ist das vielleicht so gewesen. Aber Punkt drei ist ganz wichtig: Die Undurchschaubarkeit des öffentlichen Handelns, die Unklarheit über das, was man nun durfte und was man nicht durfte.

Viele von Ihnen wissen, daß selbst den Antrag auf Ausreise zu stellen mit unendlichen technischen Schwierigkeiten verbunden war. Ich weiß, daß in Erfurt in der öffentlichen Bibliothek das Buch, in dem solche technischen Dinge standen, nur individuell ausgeliehen wurde. Es wurde aufgeschrieben, wer sich das Buch ausleihen wollte. Anträge wurden erst einmal nicht angenommen und unzählige Dinge mehr. Briefe und Eingaben wurden überhaupt nicht beantwortet.

Namen derjenigen, die an Repressionsmaßnahmen beteiligt gewesen sind, wurden nicht genannt. Unvergeßlich ist eine Szene, die seinerzeit im "Grenzfall" gestanden hat. Es ging um eine Reise nach Prag, und der Betreffende wurde gefragt: Wie heißen Sie eigentlich? Dann kam die Antwort: Ich könnte mich ja nun "Major Müller" nennen. Also keine Namen.

Die Mündlichkeit großer Teile der öffentlichen Verwaltung in der Deutschen Demokratischen Republik. Wir stellen jetzt glücklicherweise fest, daß manchmal ein bißchen zuviel aufgeschrieben wurde. Die wichtigste Dinge wurden jedoch nur mündlich weitergegeben, wie überhaupt das Konspirationsprinzip der öffentlichen Verwaltung in der DDR ein Thema für sich ist.

Umgekehrt war nicht einmal auf die Durchführung der Repression Verlaß. Etwas konnte dann plötzlich auch gewährt werden, der Staat erwies sich dann plötzlich als freundlich. Manchmal wurden sogar Dinge erlaubt, die normalerweise nicht erlaubt worden sind. Also Willkür, gewollte Undurchsichtigkeit des öffentlichen Verhaltens.

Der vierte und letzte Gesichtspunkt: Dadurch wurde ein Gefühl der Unsicherheit, ein Gefühl der Schwäche, ein Gefühl der Unterlegenheit, ein Gefühl des Ausgeliefertseins und, wenn man es zugespitzt ausdrücken will, eben ein Gefühl der Angst hervorgerufen, und das sollte auch hervorgerufen werden. Als ich vor 20 Jahren zum erstenmal nach den Ostverträgen für längere Zeit wieder in dem thüringischen Dorf war, in dem ich als Kind ein paar Jahre verbracht hatte, und nach zehn Tagen wieder wegfuhr, wurde ich gefragt: Nun, Wolfgang, wie hat es Dir bei uns gefallen? Ich antwortete: Man weiß immer nicht so richtig, ob man nun etwas falsch macht oder nicht. Darauf kam die Antwort: Das ist doch Sinn der Sache. Und das kennzeichnet diesen vierten Gesichtspunkt, das Gefühl des Ausgeliefertseins, bis hin zur Angst.

Wenn man zum Schluß die Gegenprobe für diese allgemeinen Gesichtspunkte macht und sich einmal ansieht, wie dieser Staat zusammengebrochen ist, dann stellt man fest, daß es mit diesen vier konstitutiven Merkmalen für die einzelnen Repressionsmaßnahmen aufgehört hatte oder daß sie im Abbröckeln befindlich waren.

Was die Allmacht und das Sendungsbewußtsein oder zumindest den Machtzynismus der Partei betrifft, ist festzustellen, daß die Partei ganz allmählich ihrer Sache unsicher geworden und das Gefühl der bleiernen Unabänderlichkeit im Schwinden begriffen war. Ich glaube, das ist wohl der Fall gewesen. Das Nicht-kommunizieren-Können, das Isoliertsein, das Auf-sich-selbst-angewiesen-Sein und es dann am besten wegzudrücken, das hörte ja auch auf.

Wie Sie - zum Teil als Beteiligte und Akteure - wissen, hat man in den letzten Jahren miteinander kommunizieren können, und zwar wegen der Unsicherheit der Partei und wegen des Taktierens, das die Sicherheitsorgane dann eingeschlagen hatten. Es hat eine Teilöffentlichkeit gegeben. Das ist natürlich der Tod eines solchen Systems. Daraus folgte, daß vieles durchsichtiger war, daß sehr viel mehr bekannt war, weil man sich untereinander verständigen konnte.

Auch das Gefühl des Ausgeliefertseins und der Unterlegenheit, der Schwäche, der Unsicherheit und die Angst waren allmählich im Schwinden. Wenn die Angst weg ist, dann ist es aus mit so einem System, dann haben die Repressionsmaßnahmen den Biß verloren.

Als letzten Satz - ich habe schon über eine halbe Stunde gesprochen - nur das eine noch: Bei all dem, was ich gesagt habe, kommt es natürlich auf die richtigen Proportionen an. Ich erinnere mich noch genau, wie kurz nach der Wende - ich sage ungern "Wende", sondern eher "Zusammenbruch des Kommunismus" -, ein Kollege, nachdem nur so etwas gesagt wurde wie von mir eben, ganz verzweifelt ausrief: Ja, aber wir haben doch auch gelebt, wir haben doch auch geliebt, und wir haben doch auch gelacht. Das hat es natürlich auch gegeben. Aber erstens ist das nicht mein Thema gewesen, und außerdem kommt es hier sehr auf die Relationen an. Es kommt auch auf das an, was Herr Voigt aus Kietz-Küstrin gestern gesagt hat. Das hat es natürlich alles auch gegeben.

Für zukünftige Gedanken wäre es wichtig, das, was ich geschildert habe, und das Ausmaß, die Intensität und die Möglichkeit des "normalen" Lebens miteinander in eine richtige Beziehung zu bringen. Doch das ist nicht mein Thema gewesen. Denn das habe ich in der kurzen Zeit erschöpft und danke Ihnen, daß Sie mir zugehört haben.

(Beifall)

Vorsitzender <u>Rainer Eppelmann</u>: Herr Professor Schuller, herzlichen Dank für Ihre inhaltliche Weiterführung.

Ich bitte jetzt Karl Wilhelm Fricke nach vorn, der das Kunststück zu vollbringen hat, in zwei Stunden mit seinen Gesprächspartnern ein gewaltiges Thema anzupacken. Bitte, Karl Wilhelm Fricke.

Diskussionsleiter <u>Karl Wilhelm Fricke</u>: Herr Vorsitzender! Meine Damen und Herren! Ich eröffne die Podiumsdiskussion, die in einer ersten Runde zunächst nur am Podium abgewickelt werden wird, um nach zirka einer halben Stunde das Auditorium einzubeziehen. Ich darf jetzt schon um eine rege Beteiligung aus dem Auditorium bitten.

Ich bedanke mich bei Herrn Schuller für die Grundlegung, wie ich es nennen möchte, zu dieser Diskussion durch sein Referat, in dem die Repressionsmechanismen in der DDR und ihre Auswirkungen auf den Alltag der Menschen dargestellt werden sollten und dargestellt wurden.

Allerdings ist das Thema unserer heutigen Podiumsdiskussion "Politische Verfolgung im realen Sozialismus". Natürlich war der Alltag in der DDR - das hat Herr Schuller schon ausgeführt, und es ist auch gestern gesagt worden - nicht nur politische Verfolgung, es gab auch viel Normalität im Leben der Menschen. Aber es war charakteristisch, daß in der gestrigen Diskussion, die im Zusammenhang zu dem heutigen Tag gesehen werden muß, das Wort sehr schnell auf politische Verfolgung kam, so daß man sagen kann: Der Alltag der DDR war nicht nur politische Verfolgung, aber ohne politische Verfolgung ist der Alltag in der DDR nicht denkbar gewesen. Daher wird sich uns am Podium und im Auditorium die Frage stellen, inwieweit die inneren Wirkungsmechanismen im realen Sozialismus der DDR in seiner stalinistischen und spätstalinistischen oder poststalinistischen Ausprägung, in seinen Strukturen und Praktiken mit immanenter Zwangsläufigkeit politische Verfolgung bedingt haben.

Ein DDR-Bürger konnte, wie Ehrhart Neubert gestern aufzeigte, über Nacht zum Feind werden, auch wenn er vorher ein eifriger Mitmacher war, ein Schrittmacher vielleicht sogar. Ich erinnere an solche Schicksale wie das von Max Fechner, Justizminister, der über Nacht zum Staatsfeind wurde, nur weil er sich im Zusammenhang mit dem Aufstand vom 17. Juni auf das in der Verfassung garantierte Streikrecht berufen hatte.

Über die Erscheinungsformen politischer Verfolgung wollen wir hier also diskutieren. Es wird nach den Wandlungen der politischen Verfolgung zu fragen sein, freilich auch nach ihrer Kontinuität in viereinhalb Jahrzehnten SED-Diktatur.

Ich will und kann hier über die verschiedenen Phasen politischer Verfolgung, ihre exzessiven Konsequenzen in Gestalt von politischer Internierung mit dem fatalen Höhepunkt der Waldheimer Prozesse, von sowjetischer Militärjustiz, NKWD-Administrativjustiz, von politischer Strafjustiz durch Gerichte der DDR nicht im einzelnen reden, das soll in der Diskussion geschehen. Aber die Zeitzeugen, die Betroffenen, die Opfer, Sie alle hier am Tisch, verkörpern Schicksale, die in verschiedener Weise auch die verschiedenen Phasen der politischen Verfolgung widerspiegeln.

Ich begrüße am Podium zunächst Frau Eva-Maria Stege aus Berlin, Herrn Hary Seidel aus Berlin, Frau Ilona Rothe aus Erfurt, den früheren Studentenpfarrer aus Leipzig, Siegfried Schmutzler, heute Berlin, zu meiner Rechten Rolf Schälicke, früher Berlin bzw. Dresden, genauer gesagt, heute Hamburg und last but not least Ulrich Schacht aus Hamburg.

Ich darf Sie alle, meine Damen und Herren, bitten, sich zu Ihrer Person selbst kurz zu äußern, ein paar Minuten etwas zur Biographie zu sagen. Ich bitte Sie, sich in der Tat auf ein paar Minuten zu beschränken. Zunächst Frau Stege, bitte.

Sve Stege: Ich bin 1928 geboren, bin 64 Jahre alt. Als Sechzehnjährige wurde ich nach Sibirien deportiert, war dort im Zwangslager, im Gulag. Über Sibirien brauche ich nicht viel zu erzählen, Sie werden es sicher aus verschiedenen Büchern sowjetischer oder russischer Autoren kennen. Ich selbst habe auch ein Buch geschrieben. Falls es jemanden interessiert, kann er es gern lesen. 1949 kam ich zurück. Ich hatte sehr schlimme Verfolgungsängste, was sich aber auch erklärt. Schon 1954 kam ich wieder in Untersuchungshaft und habe jetzt, vom Frühjahr bis zum Frühsommer, meine Stasiakten gesehen und festgestellt, daß ich 34 Jahre observiert wurde, einmal als "TV", als Teilvorgang, und später wieder als Teilvorgang im kirchlichen Friedenskreis.

<u>Hary Seidel:</u> Mein Name ist Hary Seidel. Ich bin Berliner, bin 54 Jahre alt und war vor dem Mauerbau in Ost-Berlin Spitzensportler, war DDR-Meister, war mehrfach Berliner Meister. Durch den Mauerbau gab es einen besonderen Stich in meinem Leben.

Ich habe mich, nachdem meine Mutter und mein bester Freund verhaftet waren, der Fluchthilfe gewidmet. Zuerst hatte ich noch im September 1961 meine Frau mit meinem Sohn nach West-Berlin geholt. Ich konnte nicht verhindern, daß meine Mutter verhaftet wurde. Danach habe ich Leuten geholfen, die durch die Mauer getrennt waren. Zuerst haben wir die Leute durch den Zaun geholt. Als das später nicht mehr ging, haben wir Tunnel gebaut. Eines Tages war auch das nicht mehr möglich.

Bei einem Fluchttunnel, den ich nicht von Anfang an mitgebaut habe - vielleicht war es eine Falle der Stasi, ich weiß es nicht -, bin ich am 14. November 1962 in Kleinmachnow verhaftet worden und kam dann vor das Oberste Gericht. Die Verhandlung lief über drei Tage. Ich wurde wegen "Verbrechen gegen das Gesetz zum Schutze des Friedens" zu einer lebenslangen Haftstrafe verurteilt, verbrachte ein Teil meiner Haftzeit in Hohenschönhausen, die restliche Zeit in der Haftanstalt in Brandenburg, in der auch Honecker gesessen hat. Dazu möchte ich sagen: Wenn Feiertage waren und die alten Kämpfer nach Brandenburg kamen, wurden sie durch die Haftanstalt geführt. Man hat natürlich alles versucht, die Häftlinge zu isolieren. Im Zellhaus hat man Lebensmitteltüten mit Wurst, Obst usw. an die Zellen gehängt, um den Leuten zu suggerieren, daß es den Häftlingen so gut gehe. Das war aber nicht so. Die Ernährung in Brandenburg war sehr schlecht, und auch in Hohenschönhausen war es kein Zuckerlecken.

Nach vier Jahren gelang es der Bundesregierung, mich freizukaufen. Seitdem lebe ich in West-Berlin. Ich bin Angestellter beim Senator für Inneres und bin zuständig für die politisch und religiös Verfolgten des Nationalsozialismus.

Sve Rothe: Mein Name ist Ilona Rothe. Ich bin Präsidentin des Bundes der in der DDR Zwangsausgesiedelten. Ich selbst bin kein Opfer des Regimes - auf keinen Fall. Ich vertrete hier meinen Mann, der zwangsausgesiedelt ist, und ich vertrete rund 12 000 Menschen, die dieses Schicksal durch die Aktionen "Ungeziefer" und "Kornblume" getroffen hat. Ich würde gern die Gelegenheit benutzen, dazu noch Näheres zu sagen.

Diskussionsleiter Karl Wilhelm Fricke: Vielleicht darf ich Sie sogar bitten, ganz kurz zu definieren, was das für Aktionen waren. Die Begriffe sind ja nicht so geläufig.

Sve Rothe: Vielleicht kann ich doch gleich etwas dazu sagen. Es ist leider trotz unseres großen Engagements vielen noch nicht bewußt geworden, daß sich in der damaligen DDR etwas abgespielt hat, was sehr grauenvoll war: In zwei Nächten wurden Menschen im innerdeutschen Grenzgebiet entlang der Grenze zur Bundesrepublik überfallen.

Diskussionsleiter Karl Wilhelm Fricke: Das war in welchem Jahr?

Sve Rothe: Die Aktion "Ungeziefer" war in der Nacht vom 6. zum 7. Juni 1952 und die Aktion "Kornblume" am 3. Oktober 1961. Wir haben das ermittelt, zunächst hat man das nicht gewußt. Mein Mann, der selbst betroffen war, wußte zum Beispiel nicht, daß es die 61er Aktion noch gab. Es war innerhalb des Landes sehr wenig davon bekannt, auch die Zeitungen im Innern haben nichts gebracht. Wir haben sehr viele Recherchen betrieben.

Es waren stabsmäßig vorbereite Aktionen, die sich so abspielten, daß die Dörfer nachts umzingelt wurden. Was man nicht weiß - die meisten glauben, ganze Dörfer oder Straßenzüge seien beseitigt worden, das war nicht an dem -, ist, daß es selektierte Familien betraf. Deren Höfe wurden umzingelt, die Menschen wurden mit Waffengewalt aus den Betten gerissen, ihnen wurde eröffnet, sie hätten das Haus zu verlassen, ihre Heimat zu verlassen. Die beiden Fragen, die stets gestellt wurden, waren die Fragen nach dem Warum und nach dem Wohin. Diese Fragen wurden nicht beantwortet.

Es stellte sich große Angst ein. Die Menschen begingen zum Teil Selbstmord, sie drohten mit Selbstmord. Sie liefen zum Friedhof, um sich von den Gräbern ihrer Verwandten zu verabschieden. In manchen Orten kam es zum Aufruhr. Inzwischen waren schon Lkws herangefahren, und fremde Menschen packten Hab und Gut ein. Die Familien wurden samt ihrer Habe auf offenen Lkws zu Viehwagen gebracht, zu langen Güterzügen. Dort wurden die Menschen eingesperrt, es wurde von außen abgeschlossen, und sie saßen darin und wußten immer noch nicht, wohin es gehen sollte. So setzte sich der Zug nachts mit unbekanntem Ziel in Bewegung. Man setzte die Menschen dann irgendwo im Landesinneren ab.

Meinen Mann hat das im Alter von elf Jahren betroffen. Seine Mutter war eine alleinstehende Frau mit fünf kleinen Kindern von zwei bis elf Jahren. Die Kinder hatten nicht einmal ein Strümpfchen am Fuß, hatten keine Bekleidung. Meine Schwiegermutter ist im Nachthemd abtransportiert worden, und man hat sie drei Tage im offenen Lkw durch Thüringen gefahren. Dann wurden sie irgendwann auf einem Tanzsaal abgeladen und mußten dort ein halbes Jahr in einem Bett schlafen, hatten nichts - keine Kaffeetasse, kaum etwas zum Anziehen, kein Geld.

Das war der Anfang eines Schicksals, das viele Tausende Menschen ihr ganzes Leben lang begleitet hat: keine Arbeit, schlecht bezahlte Arbeit. Die Kinder wurden in der Schule drangsaliert. Es wurden - wir haben das gefunden und in zwei Dokumentationen heute mitgebracht - "operative Akten" angelegt. Es befinden sich also auch zahlreiche Akten bei der Staatssicherheit. Jeder bekam seinen "Betreuer", seinen Bewacher, und das Leben setzte sich in erschreckender Weise fort - bis zum heutigen Tag. Wir haben festgestellt, daß die Betroffenen bis heute in den Kreismeldekarteien als "politisch gefährliche, mit dem Klassenfeind sympathisierende Menschen" gekennzeichnet sind und im Lochfeld 10 eine Flachkerbung erfahren haben. Das bedeutete, in politisch schwierigen Zeiten konnten diese Menschen mit einem Knopfdruck ermittelt werden. Und so ist das heute noch.

Das soll vielleicht erst einmal genügen, es können ja Fragen gestellt werden. Schwierig ist auch unser Kampf heute. Dazu würde ich später gern noch etwas sagen.

Diskussionsleiter Karl Wilhelm Fricke: Sie werden dazu mit Sicherheit noch Gelegenheit bekommen, Frau Rothe. Vielen Dank erst einmal. Die ganze Sache stand ja mit der Etablierung eines Grenzregimes im Zusammenhang, das 1952 - damals sogar in der Zuständigkeit des Ministeriums für Staatssicherheit - eingeführt wurde. Die Grenzpolizei war damals nach sowjetischem Beispiel der Staatssicherheit unterstellt. Das ist erst Mitte der fünfziger Jahre geändert worden. Aber so begann, was mit Minenstreifen und Todesautomaten an der Zonengrenze endete. - Vielen Dank.

Als nächster hat Siegfried Schmutzler das Wort.

Dr. Siegfried Schmutzler: Ich heiße Siegfried Schmutzler, bin 1915 in Leipzig geboren, die meiste Zeit in Leipzig aufgewachsen und habe dort die Schule besucht. In Leipzig habe ich Pädagogik und Philosophie studiert, wurde Lehrer - das war zu Beginn der Nazizeit - und wurde dann zum Krieg eingezogen, wo ich in Jugoslawien an der Westfront war. Ich habe den Krieg überstanden und habe, da ich zum bewußten christlichen Glauben gekommen war und in der Nazi-Zeit und im Krieg darin bekräftigt wurde, Theologie studiert - ebenfalls in Leipzig.

Nach dem Studium war ich eine Weile Pfarrer in einem Dorf und wurde dann zum Studieninspektor an einem pädagogischen Ausbildungsinstitut für Kandidaten der Theologie in einem Predigerseminar eingesetzt. Von dort hat mich die Studentengemeinde Leipzig zu ihrem Studentenpfarrer berufen. Diesem Ruf bin ich gefolgt, weil ich dieser Gemeinde sehr verpflichtet war.

Im Rahmen dieser Studentengemeinde kam es nun zu sehr dramatischen Ereignissen. Die Studentengemeinde war - wie die Kirche überhaupt - eine der Organisationen, die nicht direkt von der SED gesteuert werden konnten und deshalb der besonderen Observation ausgesetzt war. Das wußten wir Studentenpfarrer auch. Jeder Studentenpfarrer wußte, daß er mit seinem "Schatten" leben mußte. Der "Schatten" war der MfS-Schatten.

Uns hatten sie besonders lieb, weil die Leipziger Studentengemeinde damals eine der zahlenmäßig größten Studentengemeinde in ganz Deutschland war. Es kam das Jahr 1956 - die Berufung nach Leipzig erfolgte 1954 -, das Jahr des berühmten Ungarnaufstands, der mit Petöfi und dem Petöfi-Klub, also mit Studenten und Professoren, zusammenhing. Zu diesem Zeitpunkt waren das Politbüro, die ganze SED, das ganze MfS besonders allergisch.

Obwohl wir als Studenten nie daran geglaubt hätten, daß dieses System so labil ist, wie es sich dann erwies, haben wir von den Möglichkeiten Gebrauch gemacht, die sich damals boten, eine Studienreform anzupeilen. Studentengemeindeglieder haben sich dabei engagiert. Das war natürlich besonders erregend für die Politszene. Anläßlich eines Besuchsdienstes, den wir als Studentengemeinde im Rahmen einer Besuchsdienstwoche in Böhlen bei Leipzig durchführten, waren in der Kirche jeden Abend mindestens ein Drittel geschickte SED-Mitglieder, die die Vorträge und Predigten, die ich dort hielt, abhörten. Diese Geschichte wurde sehr aufgebauscht, und es wurden einzelne Dinge herausgezogen. Jedenfalls haben sie von Böhlen aus den Antrag gestellt, daß man mich verhaften lassen und mir die Zähne zeigen müsse. Das geschah dann auch. Ich wurde am 7. April 1957 verhaftet. Nach einem Dreivierteljahr Untersuchungshaft in Leipzig wurde ich zu fünf Jahren Zuchthaus verurteilt. Davon habe ich vier Jahre in Torgau abgesessen. Danach gelang es der Kirche, mich wieder herauszuholen.

Anschließend habe ich bis zu meiner Emeritierung mehrere Jahrzehnte in der DDR als theologisch-pädagogischer Fachberater meiner Landeskirche - das ist die evangelisch-lutherische Landeskirche Sachsens - und des Bundes der Evangelischen Kirchen in der DDR gewirkt. 1981 bin ich nach Hamburg übergesiedelt, später nach West-Berlin und sitze jetzt hier bei Ihnen, um diese Dinge wieder hochkommen zu lassen.

Diskussionsleiter Karl Wilhelm Fricke: Vielen Dank, Siegfried Schmutzler. Wir haben diesen Prozeß gegen Sie damals als Signal dafür empfunden, daß das Ende der erhofften und sich zunächst abzeichnenden Entstalinisierung in der DDR gekommen war. Es schien ab 1955/56 zunächst eine Phase des Tauwetters zu sein. Aber gerade dann - natürlich bewegt und provoziert durch die Ereignisse in Polen und in Ungarn - zeigten die Prozesse gegen die Harich-Janka-Gruppe, aber auch gegen Siegfried Schmutzler, daß die SED entschlossen war, ihr Machtmonopol nicht antasten zu lassen.
Zu meiner Rechten Rolf Schälike.

Sv Schälike: Mein Lebenslauf zeichnet sich etwas anders aus. Ich bin von Beruf Physiker und habe als DDR-Student in Leningrad studiert. Ich wurde als Kind von Mitarbeitern der Komintern in Moskau geboren. Meine Eltern sind nach dem Krieg - mein Vater gleich 1945 mit der Ulbricht-Gruppe, meine Mutter 1946 - nach Deutschland zurückgekommen. Ich bin von meiner ganzen Haltung her Wissenschaftler, bürgerlich gesinnt vom Verhalten her, aber mit der Muttermilch erzogen in einer kommunistischen Familie. Ich war ein überzeugter Insider, der keine Probleme mit Geschehnissen hatte, der solche Ereignisse wie die Aussiedlung an der Grenze kannte und wahrnahm, aber der Sache nicht dataillierrt nachging, die Methode verneinte, aber von innen heraus versuchte, solche Sachen vermeidbar zu machen.

Ich habe in Leningrad studiert. Meine Schwierigkeiten begannen bei ganz normalen Geschichten. Ich bin z. B. zweimal - einmal für einen Tag und noch einmal für eine Woche - wegen frecher Bemerkungen der FDJ-Sekretärin gegenüber von der Schule geflogen. Während meiner Schulzeit, als ich

14 Jahre alt war, war Erich Honecker gerade Zentralratsvorsitzender. Seine Politik oder seine Art war es, Gespräche und politische Tagesschauen oder ähnliche Sachen durchzuführen, die uns allen nicht paßten, weil wir Praktiker waren. Daher gab es in der Schule Auseinandersetzungen - ich arbeitete mehr in Richtung GST, fuhr Motorrad, bin geflogen -, ich sah aber nicht, daß das politische Auseinandersetzungen sind.

Für mich war es selbstverständlich, Parteimitglied zu werden. Auch da gab es Auseinandersetzungen. Ich wurde in Leningrad mit Verlängerung der Kandidatenzeit in die Partei aufgenommen. Es fand eine Abstimmung statt, ich wurde nicht einstimmig aufgenommen. Mich hat damals gewundert, daß alle Mädel dagegen gestimmt haben und die Jungen dafür. Dafür hatte ich keine richtige Erklärung. Vielleicht hing das auch damit zusammen, daß die Frauen in der DDR am schlechtesten dastanden. Die Kopplung kenne ich nicht.

Nach dem Studium hatte ich das Privileg, wählen zu können, wo ich arbeiten will. Ich war ein Privilegiertenkind, wurde also ein "Kader". Ich habe das Zentralinstitut in Rossendorf ausgewählt, weil ich das als das interessanteste Institut betrachtete. Ich war Kernphysiker, war aber erzogen, politische Verantwortung zu tragen, Verantwortung für die Gesellschaft zu tragen. Ich trug diese Verantwortung eigentlich immer in der ganz konkreten Umgebung und stieß dort ständig auf Schwierigkeiten, die so weit führten, daß es 1963 ein Parteiverfahren gab, weil wir - wir waren mehrere Leute - nicht einverstanden waren, wie die Partei mit den Parteilosen arbeitete: dieses Gängeln, das Bevormunden, das Nichtberücksichtigen von Realitäten. Wir hatten im Parteiauftrag einen Vortrag ausarbeiten müssen und haben ihn auch vor der Parteigruppe gehalten. Wegen dieses Vortrages, über den wir diskutieren wollten, gab es sofort ein Parteiverfahren. Das führte in der weiteren Konsequenz dazu, daß wir 1966 aus der Partei ausgeschlossen und fristlos aus dem Institut entlassen wurden.

Ich habe damals, obwohl ich Insider und auch hellhörig gegenüber den Ereignissen war, nicht gewußt - das muß man mir abnehmen -, daß man aus politischen Gründen, z. B. wegen politischer Ansichten, fristlos entlassen werden konnte. Ich war ein Insider, kannte die ganzen Spielregeln, und mir war nicht bekannt, daß man z. B. nicht mehr arbeiten konnte, wenn man eine andere politische Ansicht hatte, sich aber korrekt nach Parteiregeln verhielt, sich der Mehrheit beugte und ähnliche Sachen. Damals wäre ich durchaus einen Kompromiß eingegangen. Hätte ich das gewußt, wäre ich wahrscheinlich politisch nicht so aktiv und in konkreten Fällen aufgetreten.

Ich bin fristlos entlassen worden, hatte faktisch ein Berufsverbot - kein Institut, kein Betrieb durfte mich einstellen - und lief dann doch den für DDR-Bürger eigentlich privilegierten Weg: Ich wurde freiberuflicher Übersetzer und Dolmetscher, was viele vergeblich versuchten. Dazu brauchte man eine Erlaubnis. Ich habe auf Baustellen als Montageleiter gearbeitet und war sogar später für den Kraftwerksbau in Moskau in der Handelsvertretung. Ich versuchte also, wieder hineinzukommen, was mir bis 1974 mehr oder weniger gelang. Ich arbeitete dann wieder in einem Institut für graphische Technik. Auf Grund meines Lebenslaufes und meines politischen Engagements bin ich Vertrauensmann geworden, aber als Parteiloser. Ich habe gleich auf die Probleme hingewiesen, die dann auch entstanden sind, so daß ich dieses Institut durch einen Aufhebungsvertrag, der erzwungen wurde, ebenfalls verlassen mußte. Ab 1974 war ich in der DDR freiberuflich tätig.

Mein Weg war also so, daß ich Erklärungen für das, was geschah, suchte und als Wissenschaftler mit politischer Verantwortung in der Umgebung etwas tun wollte. Auf diesem Weg der Suche und des persönlichen Engagements sowie der Einbildung und der faktischen Rückendeckung durch die Herkunft habe ich Bekanntschaft und Freundschaft mit Wolf Biermann geschlossen und war auch Freund von Robert Havemann. Diese Tatbestände an sich waren schon ausreichend, daß man nicht mehr in dem Beruf arbeiten konnte. Daß ich diese Freundschaften aufrechterhielt und in der politischen Bewegung immer anwesend war - ich trat zwar nie öffentlich auf, war aber Beobachter -, alle kannte und in den internen Kreisen mitdiskutierte, das führte dazu, daß mir auch in der freiberuflichen Tätigkeit alle Kanäle zugemacht wurden.

Als Insider habe ich bei den Auseinandersetzungen auch viel mit der Staatssicherheit zu tun gehabt, war eigentlich Fachmann für die inneren Strukturen, weil ich keinen Kontakt, keine Auseinandersetzung scheute und keine Angst hatte. Das führte dazu, daß ich 1984 einen Ausreiseantrag stellte. Ich nehme an, daß in internen Auseinandersetzungen in der Staatssicherheit und im Politbüro entschieden wurde: Den müssen wir verhaften. Wir müssen in der Biermann-Havemann-Gruppe - Havemann war ja schon tot - jetzt ein Exempel statuieren. Nehmen wir den Unempfindlichsten von denen, dann wissen alle anderen Bescheid, daß das so und so nicht funktioniert.

Ich habe dann zehneinhalb Monate in Untersuchungshaft gesessen und bin wegen "Bücherverbreitung" zu sieben Jahren verurteilt worden. Es ging um Bücher von Wolfgang Leonhard, Solschenizyn und um die beiden Bücher von Jürgen Fuchs, also um Bücher, die sich intern mit der Staatssicherheit beschäftigten. Es ging auch um ein Buch der Wahrheit über Polen unter der Redaktion von Böll. Daß das nicht geht, haben sie auch übersehen und haben mich zu sieben Jahren verurteilt. Ich habe Berufung eingelegt, hatte aber das Gefühl, daß das nicht hilft, und habe dann 38 Tage lang einen Hungerstreik durchgeführt. Ich bin nicht freigesprochen worden, aber zumindest ist das Verfahren eingestellt worden. Seit 1985 bin ich in Hamburg tätig. Das ist in etwa mein Lebenslauf.

Diskussionsleiter <u>Karl Wilhelm Fricke:</u> Vielen Dank. Wir werden mit Sicherheit noch einmal auf einige von Ihnen aufgezeigte Pro-bleme zurückkommen. Das ist ja das Interessante, daß Sie als einer zur neuen Klasse Gehörender doch sehr bald mit dem Regime in Konflikt kamen.

Als letzter Ulrich Schacht, der sich eigentlich nicht vorzustellen brauchte, den ich aber trotzdem darum bitte.

Sv <u>Schacht</u>: Ich bin am 9. März 1951 im Frauengefängnis Hoheneck in Stollberg in Sachsen geboren worden, da meine Mutter zu diesem Zeitpunkt aus politischen Gründen inhaftiert war. Ich bin nach einem Vierteljahr mit anderen Kindern meiner Mutter und den Müttern dieser Kinder weggenommen worden und bin zu Hause - im Heimatort der Familie, im mecklenburgischen Wismar - aufgewachsen.

Meine Mutter ist 1954 nach dem Tode Stalins amnestiert worden. Seitdem konnten wir wieder zusammen leben. Ich habe in Mecklenburg, d. h. in Wismar, in den nächsten Jahren, rein äußerlich gesehen, eine normale Entwicklung absolvieren können. Das begann zunächst mit der Grundschule und ging dann über in das Erlernen eines Handwerks: Bäckerlehre.

Gleichzeitig habe ich in dieser Zeit begonnen, mich in der Jugendarbeit der evangelischen Kirche zu engagieren, also in diesem Falle der evangelisch-lutherischen Landeskirche Mecklenburgs. Dort bin ich recht schnell in Laienfunktionen hineingewachsen, die dazu führten, daß ich mich parallel zum Abschluß der Lehre entschloß, meinen weiteren beruflichen Werdegang im Rahmen der evangelischen Kirche zu versuchen. Ich habe dann ein Stück weit in Schwerin am Katechetischen Seminar gearbeitet, vorher noch in zwei psychiatrischen Einrichtungen Pflegedienste geleistet, über den zweiten Bildungsweg die Hochschulreife nachgeholt und ab 1970 an der Universität Rostock evangelische Theologie studiert.

Drei Semester weiter wurde ich wegen einer sogenannten Provokation im Fach Politische Ökonomie im Rahmen eines Kolloquiums exmatrikuliert, habe dann in Erfurt an der Predigerschule weiterstudiert und bin im März 1973 wegen des "Verdachts planmäßig betriebener staatsfeindlicher Hetze" in Wismar verurteilt worden. Ich war ein knappes Jahr in Untersuchungshaft beim Ministerium für Staatssicherheit in Schwerin und erfuhr während der Untersuchungshaft, die über den Prozeßtermin hinaus anhielt, eine Verurteilung vor dem 1a-Strafsenat des Bezirksgerichts Schwerin zu sieben Jahren Freiheitsentzug und fünf Jahren Aberkennung der staatsbürgerlichen Rechte wegen "staatsfeindlicher Hetze und Hetze gegen das sozialistische Ausland", §§ 106 und 108 des Strafgesetzbuches der DDR. Konkret bezog sich diese Verurteilung, die in einem Berufungsverfahren vor dem Obersten Gericht der DDR Anfang 1974 bestätigt wurde, auf eine jahrelange, sich steigernde organisatorische und ideelle Tätigkeit im großen

Rahmen der evangelischen kirchlichen Jugend- und Studentenarbeit, eine Arbeit, die sich dezidiert als Widerstandstätigkeit gegen die zweite deutsche Diktatur und ihren politischen Alltag verstand.

Konkret bedeutete dies unter anderem ab Ende 1968 die Organisation eines Arbeitskreises, der eine Zeitschrift - natürlich nicht lizenziert - herausgab, die auf ihrem Höhepunkt eine Verbreitung von Mecklenburg bis nach Sachsen hatte und unter anderem auch Schriften und Texte von Biermann enthielt. Ich betone das nur deshalb, weil das natürlich in jenen Jahren ungefähr das Schlimmste war, was man verbreiten konnte. Dieser Arbeitskreis war zugleich geprägt von dem, was in der Tschechoslowakei über die historische Bühne und scheinbar zu Ende gegangen war, und er war nicht zuletzt von meiner politischen Grundhaltung geprägt, die sich auch gespeist hat durch die frühe familiäre Erfahrung, daß die DDR vom ersten Tag ihrer Existenz an nichts anderes gewesen ist als ein permanenter Anschlag auf die Würde des einzelnen und die Würde aller.

Ich bin also an diesem Tisch natürlich kein Opfer des Systems, weil ich immer ein kompromißloser Gegner des Systems war. Ich kann heute hier zu Ihnen als Zeuge sprechen.

Diskussionsleiter <u>Karl Wilhelm Fricke:</u> Vielen Dank, Ulrich Schacht. - An diesem Tisch sitzen Betroffene, Verfolgte, Opfer - wie immer
Sie sie nennen wollen - aus mehr als vier Jahrzehnten SED-Diktatur. Die Frage ist: War die Repression, die sich in diesen individuellen Schicksalen auf zum Teil tragische Weise widerspiegelt, nicht sehr viel stärker durch Kontinuität geprägt als durch Wandel?

Ich möchte mit dieser Frage die Diskussion eröffnen und damit gleichzeitig die Frage verbinden, die uns gestern schon bewegt hat: Inwieweit hat sich das Wissen um diese Repression auf den Alltag der Menschen ausgewirkt? War es die Angst vor Verfolgung, die das Verhalten vieler Menschen geprägt hat? Waren es andere Anpassungsmechanismen? War es vielleicht auch das Mißtrauen, das sich wie Mehltau über die

Gesellschaft der DDR gezogen hat? Was war eigentlich das Bestimmende?

Herr Schmutzler, darf ich Sie bitten, sich zunächst einmal dazu zu äußern.

Dr. Siegfried Schmutzler: Das muß man natürlich differenzieren. Als ich mein Studentenpfarramt in Leipzig antrat, war dort eine Studentengemeinde versammelt, die zum Teil aus Kriegsteilnehmern bestand, zum Teil aus solchen, die schon zehnjährige Erfahrungen mit dem DDR-Staat gemacht hatten. Man konnte davon ausgehen, daß das alles willige christliche Studenten waren, die entschlossen waren, auch im Staat der Arbeiter und Bauern, der sich als atheistisch definierte, christlich zu bleiben. Uns allen gemeinsam war ein großes Zusammengehörigkeitsgefühl, und wir hatten auch noch eine Perspektive damals: Es gab nicht weniger als vier Patengemeinden im Westen, die mit uns in Verbindung standen. Wir besuchten uns wechselseitig: Die von drüben kamen zu uns, und wir konnten zu denen gehen. Die Mauer stand ja noch nicht, sie ist erst 1961 gebaut worden. Es gab also noch so etwas wie eine Perspektive. Jeder Kirchentag - schon der 1951 in Berlin und auch die späteren Kirchentage - war auch ein Hoffnungszeichen dafür, daß die Vereinigung des getrennten Deutschlands zwar schwierig sein aber doch bald kommen wird. Das alles wurde erst mit der Mauer erledigt. Diese Möglichkeiten und diese Perspektive waren dann vollkommen weg.

Ich kam 1961, in dem Jahr, als die Mauer gebaut wurde, aus dem Knast heraus und fand natürlich eine ganz andere Situation vor. Wenn Sie fragen, wie sich das im Alltag ausgewirkt hat: Ja, die Leute waren alle kritisch. Wir wußten aber genau - dafür sorgte ich jedenfalls -, daß wir uns im Rahmen des vom Staat Möglichen bewegten, daß wir keine Provokationen machten. Wir hatten jeden Herbst eine große Vortragsreihe laufen. Dazu stellte uns der Rektor der Universität Leipzig, Georg Mayer, aus bürgerlichen Kreisen kommend, den christlichen Glauben respektierend, da seine Eltern auch Christen waren, das Auditorium maximum - das ist der große Hörsaal der Anatomie - zur Verfügung. Dort haben wir abends eine Woche lang mit 600 Studenten Vorträge gehört. Ein Vortrag dauerte eine knappe Stunde, danach war drei, vier Stunden Diskussion. Nur: Ein gutes Drittel der Zuhörerschaft - der linke Flügel - waren marxistisch-leninistische Studenten, unter anderem vor allem die Schüler von Ernst Bloch. Es gab dort sehr gute, redliche, sachliche Aussprachen. Ich war damals in Gesprächsführungen so geschult, daß ich auch die leisesten Untertöne sofort signalisierte und abstellte, so daß es nie zu einer irgendwie "schwülen" Stimmung kommen konnte. Das hat natürlich auch die Studenten, die jenseits der Studentengemeinde lebten, unwahrscheinlich beeindruckt. Die FDJ stand auf dem Standpunkt, die Studentengemeinde beherrsche geistig die ganze Universität, jedenfalls die Studentenschaft. Das war gar nicht an dem, aber so sahen die das. Sie waren natürlich wütend und haben überlegt: Wie können wir das zu Fall bringen, wie können wir das ändern?

Aber zu der Frage: Wir waren eine fröhliche Truppe, und wir seufzten natürlich unter all den Repressionen, von denen nun schon so reichlich die Rede war, daß ich sie jetzt nicht noch einmal aufzählen möchte. Das ging bis hin zu Büchern. Damals gab es noch jährlich die Versammlung aller deutschen Studentenpfarrer an einem Tisch. Sie schickten in der ersten Zeit zunächst einmal "Freßpakete". Die Leipziger Studentengemeinde ist es gewesen, die im gesamtdeutschen Studentenverband sagte: Also, zu essen haben wir hier genug, sogar mehr, als wir brauchen, aber uns fehlt es an geistiger Nahrung, uns fehlen Bücher. Seitdem rollten die Bücher nach Leipzig, sofern sie rollen konnten. Sie wurden natürlich auch oft beschlagnahmt usw. Aber immerhin: Wir haben damals solche Leute wie Böll und Lenz und Literatur von anderen Schriftstellern aus dem Westen kennengelernt und hatten dadurch auch geistige Verbindung und Gespräche, die etwas brachten.

Die Studentengemeinde war auch die einzige Gemeinde, soweit ich es übersehe, die es wagte, sich mit dem Marxismus-Leninismus redlich philosophisch auseinanderzusetzen. Ich klage noch heute die theologischen Fakultäten an, daß sie zu feige gewesen sind, die geistig-geistliche Auseinan dersetzung mit dem Marxismus-Leninimus zu riskieren.

(Beifall)

Ein Professor, den ich daraufhin ansprach, sagte mir: Herr Doktor, wir werden überwintern. - Das ist keine geistige Auseinandersetzung. Und vom Himmel gefallen ist der Marxismus ja nicht. Der Marxismus-Leninismus ist Importware aus Trier.

Diskussionsleiter <u>Karl Wilhelm Fricke:</u> Vielleicht darf ich Sie einmal - ein wenig unhöflich - unterbrechen, weil es ein Dialog sein soll und kein Austausch von Monologen. Wenn ich Sie richtig verstanden habe, dann haben Sie in Ihrer Studentengemeinde und auch später eine Taktik verfolgt, die man mit den Worten "keine Provokation, aber auch keine geistigen Zugeständnisse" umschreiben kann. War so etwas möglich? - Herr Schacht.

Sv <u>Schacht:</u> Ich habe vorhin erwähnt, daß ich 1970/1971 mit dem Studium begonnen habe. Möglicherweise war das vorher in der DDR ganz anders. Nach Kenntnis der Dokumente, für die ich mich immer interessiert habe, halte ich das allerdings für eine Legende. Auch das, was Professor Schmutzler eben noch nachträglich eingeklagt hat, halte ich für völlig unangemessen und unangebracht. Es gab in der Deutschen Demokratischen Republik spätestens mit den Attacken auf Bloch - wenn man das überhaupt so formulieren kann - keine ernstzunehmenden öffentlichen Räume für eine ernsthafte Diskussion marxistischer Philosophie usw. Jeder, der an den Universitäten oder an den Hochschulen gewesen ist, weiß das. Diese Legenden sollten heute nicht so im Raum stehen. Das ist - Entschuldigung, wenn ich das so hart sage - ein völlig unsachlicher Hinweis.

(Beifall)

Auf Grund dieser Tatsache - das muß man hinzufügen - hat es in der Kirche z. B. die Schaffung von Studienkommissionen und dergleichen gegeben, die sich im Raum der Kirche - wenn wir so wollen, im gesellschaftlichen Hinterraum - mit diesen Dingen beschäftigt hat. Wer daran beteiligt war, der weiß ganz genau, wie scharf diese Arbeit beobachtet und überwacht wurde und wie versucht wurde, speziell diese Auseinandersetzung einzugrenzen, zu verhindern oder zumindest mit Hilfe der berühmten Mitarbeiter des Staatssicherheitsdienstes in Richtungen zu lenken, die irgendwie noch tolerabel waren. Die Ergebnisse konnte man dann vielleicht noch im Rahmen der Christlichen Friedenskonferenz und woanders präsentieren - jene berühmten kleinen Nuancen des Randes.

Nein, das Thema war natürlich völlig anders. Im Grunde genommen herrschte ab den siebziger Jahren - das war immerhin noch Ausgang der Ulbricht-Zeit - ein knallharter Primitivismus an den Universitäten. Das heißt, alle Mitglieder der verschiedenen Fakultäten durften zu der wöchentlichen vierstündigen Verblödung antanzen, die sich Marxismus-Leninismus und Politische Ökonomie nannte. Das war die berühmte Auseinandersetzug.

(Beifall bei der SPD)

Denn die Idealvorstellung des Regimes bestand nicht erst 1970, sondern schon 1949 - wie Leszek Kolakowski das einmal für Polen, aber, wie ich denke, stellvertretend für alle Ostblockstaaten formuliert hat - darin, aus allen Bürgern zur selben Zeit Insassen eines Konzentrationslagers und Agenten der Geheimpolizei zu machen. Dem waren sämtliche pädagogischen Bemühungen untergeordnet, und in keine andere Richtung lief das. Wer sich persönlich in diesem Zusammenhang noch mit Illusionen beschäftigt hat, der müßte sich heute ein Stück weit korrigieren.

(Beifall bei den Zuhörern)

Diskussionsleiter <u>Karl Wilhelm Fricke:</u> Ich glaube, es ist fair, wenn wir Herrn Schmutzler noch einmal Gelegenheit geben, sich dazu zu äußern. Ich selbst habe die DDR nur in Gefängnissen kennengelernt, nicht an Universitäten, ich kann das also nicht selbst beurteilen. Vielleicht gab es bis zur

Mitte der sechziger Jahre "ideologische Biotope", in denen man sich ein bißchen frei bewegen konnte, ohne daß man das als typisch verallgemeinern kann.

Ich darf gleichzeitig dazu auffordern, daß wir das Auditorium in die Diskussion einbeziehen, nachdem Herr Dr. Schmutzler sich geäußert hat. Wie ich sehe, liegen bereits die ersten Wortmeldungen vor.

Dr. Siegfried Schmutzler: Ich habe aufmerksam gehört, was Herr Schacht gesagt hat. Es ist sicher ein Mißverständnis, wenn er mir unterstellt, ich meinte, damals sei eine öffentliche Diskussion über marxistisch-leninistische Fragen möglich gewesen. Diese war nicht möglich. Aber es gab doch Kollegs, es gab Systematische Theologie, es gab Altes Testament. Darin kommt sehr viel Politik vor. Man konnte natürlich nicht jede Frage anpeilen. Aber Fakt war doch, daß man um die Fragen herumging.

Ich hatte als Studeninspektor in Lückendorf den Auftrag von der Kirche, über das Thema "Marxismus - Christentum" Vorlesungen und Seminare zu halten, ebenso in Leipzig. Dort hatte ich einen sozial-ethischen Arbeitskreis, der sich ebenfalls diesen Fragen widmete - natürlich nicht plakativ, aber er beriet doch diese und jene Frage, beispielsweise die Frage der Arbeit, die Frage der menschlichen Person, die Frage der Menschenwürde und all solche Einzelfragen, zu denen später von manchen Kirchenleitungen, wie z. B. von der Magdeburger, Material herausgegeben wurde. Es gab auch Verlautbarungen anderer Art, die ich jetzt nicht erwähnen will. Das würde zu weit führen.

Mein allgemeiner Eindruck ist, daß die Kirchen bzw. auch die Professoren der Universitäten, die es anging, zu zaghaft und zu wenig offensiv waren, zuwenig Parrhesie, wie es im Neuen Testament in der Apostelgeschichte heißt, zuwenig Freimut hatten, Themen anzugehen, die vom theologischen Glauben her völlig legitim waren. Das zeigt z. B. die Tatsache, daß ein Wort wie das Darmstädter Wort der Bekennenden Kirche über den Weg des deutschen Volkes - dieses Wort ist nach 1945, im Jahre 1947, geschrieben worden - nicht besprochen wurde. Darin wurde zu dem verhängnisvollen Bund von

Thron und Altar im 19. Jahrhundert Stellung genommen und zu dem verhängnisvollen Weg, den die Kirche gegangen ist, der bis zur Stunde die Bindung der Kirche an den Staat zeigt, die noch jetzt umstritten ist. Denken Sie z. B. an den Militärseelsorgevertrag, der auch einen "theologischen Hosenboden" hat. Es ist nicht so, daß das einfach bloß eine Renitenzbewegung der DDR gewesen ist.

Diskussionsleiter <u>Karl Wilhelm Fricke:</u> Herr Schmutzler, ich muß Sie leider bitten, sich ein bißchen kürzer zu fassen. Sonst kommen wir nicht zu einer Diskussion, und sie soll ja der Sinn dieses Podiums sein.

<u>Dr. Siegfried Schmutzler:</u> Ja, ich schließe hier ab. - Danke.

Diskussionsleiter <u>Karl Wilhelm Fricke:</u> Ich habe zunächst Herrn Professor Wilke das Wort zu geben, danach Markus Meckel, dann Herrn Schälike.

<u>Dr. Manfred Wilke:</u> Ich kann aus den Dokumenten des SED-Politbüros zu den fraglichen Zeiten - 1955, 1957 - zwei Klärungen zu den hier anstehenden Fragen beitragen.

1955 ist das Hochschulministerium im Politbüro scharf kritisiert worden, daß die theologischen Lehrstühle auf dem Gebiet der DDR nicht genutzt worden sind, um den "reaktionären Einfluß der Theologie" zu brechen. Man hat also festgelegt, daß die Partei durch eine gezielte parteiliche Berufungspolitik über die theologischen Lehrstühle an den Universitäten Einfluß nahm auf die Ausbidlung von kirchlichen Kadern. Das ist das eine.

Das zweite ist: Was die Beseitigung der Studentengemeinden angeht, so ist gerade im Zusammenhang mit den Vorgängen von 1957 festgelegt worden, daß diese an den Universitäten und Fachhochschulen zu verschwinden hatten. Es gab einen Politbürobeschluß, der auf genau diese Art von Versammlungen und Streitgesprächen Bezug nahm, über die Herr Schmutzler berichtet hat.

Diskussionsleiter Karl Wilhelm Fricke: Vielen Dank, Herr Wilke. - Herr Meckel.

Markus Meckel (SPD): Ich möchte ebenfalls zu der Frage, was möglich war, Stellung nehmen. Es bezieht sich auch auf das, was Herr Schuller zu Beginn im zweiten Teil seiner Ausführungen gesagt hat. Ich glaube, daß es problematisch ist, einfach zu sagen: Man mußte schweigen. Es ist gestern in den Vorträgen ganz gut deutlich geworden, daß es auch im normalen Alltag viele Entscheidungssituationen gab, daß es aber darum ging, den Menschen erst einmal bewußt zu machen - das war ein wesentlicher Teil kirchlicher Arbeit, wie ich sie jedenfalls verstanden habe -, daß auch Alltagssituationen, die als selbstverständlich galten, Entscheidungssituationen waren, in denen man sich jeweils verhalten mußte. Das gleiche galt natürlich auch an den Universitäten und überhaupt in den geistigen Auseinandersetzungen der Kirche. Zwei Namen sind hier gefallen - Bloch oder später Havemann -, die die Einzelentscheidungen in bezug auf das, was sie sagten, zu nennen. Es wurde festgestellt, daß es zwei Leute gewesen sind, die versuchten, sich damit geistig auseinanderzusetzen - gewiß, mit entsprechenden Folgen. Aber es wurde auch einige Jahre später wieder versucht.

Ich glaube, der Vorwurf von Herrn Dr. Schmutzler muß stehenbleiben. Warum hat es dies - jedenfalls ist es kaum bekannt geworden - nach dem Anfang der sechziger Jahre nicht wieder gegeben? Das ist eine Frage, die erst einmal beantwortet werden muß. Daß dies nicht möglich gewesen wäre, bestreite auch ich. Man sehe doch einmal in die Bibel hinein. Da steht sehr viel, was emanzipatorische Fragen, etwa die Fragen von Recht und Gerechtigkeit zum Thema macht.

Zum zweiten zu der innerkirchlichen Auseinandersetzung. Hier möchte ich Herrn Dr. Schmutzler noch einmal recht geben, obwohl er es von diesem Bereich nicht so deutlich gesagt hat. Schon in den sechziger, siebziger und achtziger Jahren hat es auch innerkirchlich kaum eine geistige Auseinandersetzung mit dem Marxismus-Leninismus gegeben. En passant bei einigen - hier könnte man Namen nennen, ganz gewiß, das ist nicht zu bestreiten. Die Kirche hat es im Großen und Ganzen nicht als ihre Aufgabe angesehen, sich mit dieser Gesellschaft auseinanderzusetzen. Hier hat auch Kirche nicht getan, was meines Erachtens ihr Auftrag gewesen wäre.

Diskussionsleiter Karl Wilhelm Fricke: Vielen Dank, Herr Meckel. - Man muß in der Tat die Problematik sehr differenziert sehen, man muß sie sicherlich auch in ihrem historischen Kontext sehen. Ich denke daran, daß die ersten kritischen Äußerungen von Robert Havemann in einer Vorlesung an der Humboldt-Universität "Dialektik ohne Dogma" zur Sprache kamen. Das war, wenn ich mich nicht irre, 1963 oder 1964. Das würde also durchaus der Diagnose entsprechen. Aber vielleicht kann uns Herr Schälike dazu mehr sagen.

Sv Schälike: Ich meine, eine geistige Auseinandersetzung, die in irgendeinem Maße - auch in kleinem Maße - die Macht gefährdete, war nicht möglich.

In meinem Leben waren Diskussionen, Auseinandersetzungen ohne Folgen eigentlich nur in der Oberschule möglich, wo im Gegenwartskundeunterricht hier in Berlin frei, knallhart und auch sehr entgegengesetzt diskutiert wurde. Das hatte keine Folgen. Dieses normale Diskutieren, ohne daß es Folgen gab, hörte aber 1956, 1957 auf, ich weiß nicht, auf Grund welcher Beschlüsse. Meine Erfahrung war ja gerade die, daß diese Diskussionen - wieviel Diskussionen gab es über den Begriff "Entfremdung" - halb illegal geführt wurden.

Meine Auseinandersetzungen gingen um das Thema, warum sich die Schwerindustrie schneller entwickeln muß als die Leichtindustrie. Das waren Diskussionen, die dazu hätten führen können, daß man nicht studieren durfte. Ein weiteres Beispiel war die Diskussion zu der Zeit des XX. Parteitages. Es ging dabei nicht nur um Stalin, sondern es ging überhaupt um die Frage des demokratischen Zentralismus. Über diese internen Parteidiskussionen öffentlich zu diskutieren, das war gar nicht drin, geschweige denn Auseinandersetzungen auf philosophischem Gebiet zu führen. Natürlich haben wir uns alle mit der Religion auseinandergesetzt. Darüber wurde viel diskutiert. Aber um Gottes Willen, sobald es vom Standpunkt der Handlungen und Entscheidungen irgendwie relevant wurde, war das nicht drin.

Die Freundschaft mit Biermann begann bei mir so, daß er einmal in Rossendorf aufgetreten war und das zweite Mal nicht auftreten durfte. Ich war bekannt als Organisator, der sich auseinandersetzte, und ich wollte mich mit Biermann auseinandersetzen. Das wurde in Rossendorf verboten, das war nicht möglich.

Eine echte Auseinandersetzung im kleinen Diskussionskreis gab es selbstverständlich. Aber die paßten enorm auf, daß das nicht relevant wurde in Handlungen.

Diskussionsleiter <u>Karl Wilhelm Fricke</u>: Vielen Dank, Herr Schälike. Sie haben, glaube ich, das entscheidende Wort gesprochen, nämlich: Auseinandersetzungen nur, solange die Macht nicht gefährdet wurde. In kritischen Situationen war die Toleranzgrenze enger, in Zeiten, in denen sich das Regime sicherer fühlte, war sie naturgemäß etwas "liberaler".

Bevor ich dem Abgeordneten Poppe das Wort gebe, wollte Herr Schacht ganz kurz etwas zur Sache sagen.

Sv <u>Schacht:</u> Wenn wir schon beim Differenzieren sind, dann wollen wir es wirklich ganz genau nehmen. Ich muß das, was der Abgeordnete Meckel eben gesagt hat, noch einmal ganz scharf zurückweisen. Ich glaube, so geht es nicht. Was hier läuft, ist einfach sachlich nicht korrekt und nicht richtig. Vor allen Dingen ist das auch eine wohlfeile Kritik nach rückwärts. Was soll denn das, die evangelische Kirche sozusagen nachträglich aufzufordern, sie hätte sich in den sechziger und Anfang der siebziger Jahre intensiver mit dem Marxismus-Leninismus - ausgerechnet! - auseinandersetzen müssen?

Erstens hat sie das gemacht - ich habe vorhin beschrieben, in welchen Gremien. Und zweitens, wenn sie es getan hat

- wie beispielsweise Leute wie Propst Falke aus Erfurt -, dann gab es ein entsprechendes Getöse.

Was man der evangelischen Kirche vorwerfen muß und vorwerfen kann, ist doch etwas ganz anderes. Das ist die primitive Adaption marxistischer Vokabularien in den achtziger Jahren unter dem Stichwort "Einigung" nach dem großen Gespräch 1978. Hier können Sie die Kirche kritisieren, warum sie vordergründig und äußerst flachsinnig versucht hat, marxistische Positionen in ihre gesellschaftlichen Konzepte zu integrieren. Das ist die Kritik. Hier setzen Sie bitte an und nicht ausgerechnet in jenen Jahren, in denen die Kirche sich noch bemüht hat, die Auseinandersetzung unter den Bedingungen der Diktatur zu führen. Ich halte das wirklich für äußerst unsachlich.

(Beifall bei der SPD und bei den Zuhörern)

Diskussionsleiter Karl Wilhelm Fricke: Vielen Dank für diese Intervention. - Ich darf daran erinnern, daß das eigentliche Thema unserer Diskussion nach wie vor "Politische Verfolgung im realen Sozialismus" ist. Aber auch das gehört natürlich dazu. - Das Wort hat Gerd Poppe.

Gerd Poppe (BÜNDNIS 90/DIE GRÜNEN): Ich will auf das eingehen, was Herr Fricke vorhin sagte, als er die Frage nach Kontinuität und Wandel in der politischen Verfolgung stellte.

Ich habe hier zwei Sätze gehört, die ich sehr interessant fand. Erstens, daß Herr Schmutzler sagte, wie sie versucht haben, ohne eine direkte erkennbare Provokation gegenüber dem Staat zu agieren, sich aber andererseits selbst nicht zu verraten, keine Zugeständnisse zu machen.

Der andere Satz, den ich hervorheben möchte, ist der, den Ulrich Schacht gleich zu Anfang sagte: Ich bin kein Opfer des Systems, weil ich immer ein Gegner des Systems war. Das halte ich für eine ganz wichtige Äußerung, weil sie die Handlungen, die den abgesteckten Rahmen verlassen, aufzeigt.

Die Schilderung der Rahmenbedingungen, wie sie heute von Professor Schuller vorgenommen wurde, finde ich außerordentlich zutreffend. Da liegt vielleicht auch die Kontinuität, die hier angefragt war. Diese Rahmenbedingungen galten allerdings 40 Jahre lang, ohne daß der Anspruch der SED-Führung sich in irgendeiner Weise geändert hätte, ohne daß diese Undurchschaubarkeit aufgegeben worden wäre und ohne daß man aufgehört hätte, auf die Angst der Leute zu setzen, sich öffentlich zu äußern.

Der Wandel ist nun allerdings tatsächlich an die äußeren Bedingungen gebunden, an eine politische Entwicklung, die eben in den achtziger Jahren anderes möglich machte als in den Sechzigern. Das betrifft - sehr richtig - einmal die Differenzierung, mit der man kirchliches Handeln bewerten muß, aber es betrifft vor allem die Tatsache, daß Leute, vielleicht einmal von ihren kleinen Gesprächszirkeln ausgehend, schließlich zu einem oppositionellen Handeln fanden. Diese Entwicklungsmöglichkeit war tatsächlich sehr von den äußeren Bedingungen abhängig.

Ich finde nun ganz wichtig zu sagen, wie es überhaupt möglich wurde, von einem Opfer zu einem in den achtziger Jahren aktiv handelnden Oppositionellen zu werden. Das gelang dadurch, daß man den abgesteckten Rahmen ganz bewußt verließ.

Wir haben in den achtziger Jahren ständig eine Diskussion über Legalität oder Legitimität gehabt und haben uns dann gesagt: In einer Diktatur kann man nicht in dem sogenannten legalen Rahmen handeln, sondern man muß ihn ganz bewußt verlassen. Wenn man ihn nicht verläßt, ist man verloren. Dann wird man selektiert, irgendwo in eine Schublade gesteckt, dann kommt der ganze Repressionsmechanismus, und dann ist es vorbei.

Der Wandel in dieser Entwicklung war erst zu dem Zeitpunkt möglich, als sich die Leute zusammenfanden, die eben gesagt haben: Wir verlassen diesen Rahmen ganz bewußt. Das hat es natürlich in der DDR relativ spät gegeben. In Osteuropa - in Polen, in der Tschechoslowakei usw. - gab es das sehr viel eher, z. B. durch das tatsächliche, bewußte Herstellen einer Teilöffentlichkeit. Das geschah nicht nur in kirchlichen Räumen, sondern wurde beispielsweise durch illegale Publikationen versucht.

Also das Verlassen dieses eingeschlossenen Viertels zugunsten einer Öffentlichkeit - Öffentlichkeit als Prinzip. Ich will damit vor allem sagen: Es gab diese Handlungsmöglichkeiten, es gab dadurch auch die Möglichkeit, diese Angst zu verlieren.

Man hat in dem Moment, da man handelnde Person wurde und gesagt hat, man sei kein Opfer, die Chance gehabt, die Angst zu verlieren und sich mit anderen, die das ähnlich gesehen haben, zusammenzuschließen und dadurch tatsächlich in einem stärkeren Maße zur Veränderung beizutragen, was ja dann schließlich auch 1989 zu einer gewissen Rolle dieser Opposition geführt hat. In dieser Entwicklung liegt der Wandel. Das, was vom Rahmen her abgesteckt war und so sein sollte, war also keineswegs unveränderlich. Es war für den einzelnen oder für Gruppen keineswegs so, daß sie sich darin aufhalten mußten.

Das ist mir an den beiden Tagen ein bißchen zuwenig vorgekommen. Ich habe manchmal eine etwas fatalistische Stimmung herausgehört: Weil es eben nicht erlaubt war, haben wir uns immer in so einer Grauzone bewegen müssen, und in dem Moment, wo wir dort öffentlich erkennbar wurden, war es auch schon um uns geschehen, dann unterlagen wir der Repression. - Ich denke, diesen Vorgang hätte man sich deutlicher und früher bewußt machen müssen, dann hätte es vielleicht auch größere Chancen gegeben. Es war also nicht so, daß wir nur wie das Kaninchen auf die Schlage starren und uns mit den gegebenen Rahmenbedingungen abfinden mußten.

(Beifall)

Diskussionsleiter
/Karl Wilhelm Fricke: Vielen Dank, Herr Poppe. Sie sehen, der Zwischenbeifall zeigt, welche wichtigen Gedanken Sie hier entwickelt haben.

Bei der Bewertung der Opposition in den 80er Jahren muß man natürlich sehen, daß die sozialdemokratische und die bürgerliche Opposition in den späten 40er und frühen 50er Jahren schon einmal mit brutalem Terror zerschlagen worden war und daß danach zunächst einmal eine Phase der Hoffnung aufkeimte, in der Opposition in der DDR - ich sage es einmal etwas flapsig - nicht angesagt war. Sie hat sich dann nach dem Bau der Mauer wieder neu formiert, beginnend - Herr Seidel ist sozusagen ein lebender Zeuge dafür - mit dem Phänomen Fluthilfe.

Aber ich möchte hier nicht selber reden. Ich möchte jetzt der Dame das Wort erteilen, die sich dort hinten gemeldet hat.

Frau Jeske: Mein Name ist Hildegard Jeske. Ich komme aus einem bürgerlichen Elternhaus und bin mit Haussuchungen und all diesen Finessen aufgewachsen, die in den 50er Jahren auf der Tagesordnung standen.

Ich muß mich hier gegen diese echte Glorifizierung der Kirche wenden, die vielleicht in elitären Kreisen diskutiert, aber diese Dinge gar nicht nach außen ausgestrahlt hat. Ich kann mich erinnern, daß es 1957/58 um die Jugendweihe ging. Es ging in dieser Zeit um die Verteilung der Oberschulplätze, die für eine spätere Studienmöglichkeit wichtig waren. Diese Frage wurde von der Kirche überhaupt nicht angefaßt. Ich kann mich ganz genau erinnern, daß es damals hieß: Entweder Jugendweihe oder Konfirmation! Diese Frage stand also. Die Kirchen haben sich in den konkreten Fällen, die ich kenne, zu diesen Fragen nicht geäußert.

Ich war gut im Religionsunterricht und wurde vom Pfarrer speziell betreut. Er sagte: Du mußt die Entscheidung für dich allein treffen; entscheide dich so, wie es richtig für dich ist.

Wie gesagt, es war schwierig, und ich kann mich erinnern, daß wir vor die Schulleitung zitiert wurden und uns entscheiden sollten, an der Jugendweihe teilzunehmen. In dieser Zeit ist eben keine Reaktion von der Kirche gekommen.

Aber ich möchte den Gedanken, den Herr Fricke aufgegriffen hat, verfolgen. Es geht um Resignation und Angst und darum, warum die Menschen so sind. Die lautlose Verfolgung, die nicht immer in konkreten Maßnahmen, in Strafverfolgung wirksam wurde, sondern das Erleben, wie wir eben in der DDR die Situation erfassen mußten, wie wir taktieren mußten, um bestimmte Dinge bis zu einem gewissen Grad zu erreichen, also Karrieren so weit zu machen, daß man auch anständig bleiben konnte – das sind alles Dinge, die mir hier eigentlich fehlen. Ich weiß nicht, ob gestern dazu mehr gesagt worden ist. Ich denke, diese Kaderarbeit, die Auswahl der Nomenklaturen, diese Dinge sind doch alle in einem festgefügten System gewesen. Bestimmte Leute hatten eben keine Chance. Wenn Sie aus einem Elternhaus kamen, das liberal war, bürgerlich, aus irgendwelchen Gründen verfemt - immer unter dem Gesichtspunkt Klassenfeind: aus dem Bürgertum kommen schlechte Gedanken, die sofort isoliert werden müssen -, dann durften Sie die und die Entwicklung nicht machen.

Später waren diese Dinge verfeinert. Man hat ja diese Nomenklatura immer aus dem gleichen Kreis heraus genommen. Das waren ja nur wenige. Darum kommt es auch auf die Standorte an, woher jemand kam, um eine Entwicklung zu machen, wie er auch aufgefangen wurde. Denn für mich ist interessant, wenn man sagt: Mir passierte in gewissem Rahmen nichts. Er hatte immer so ein Hinterfeld, während manche das nicht hatten. Ich finde, das sind Dinge, die mehr zur Diskussion kommen müßten als immer dieses Globale.

Diskussionsleiter
/Karl Wilhelm Fricke: Vielen Dank. Lenin - er wird ja heute nicht mehr so oft zitiert - hat einmal gesagt: Es gibt keine abstrakte Wahrheit, die Wahrheit ist immer konkret. Vielleicht sollten wir das hier beherzigen.

Herr Sengbusch: Mein Name ist Dietrich Sengbusch. Ich bin freiberuflicher Journalist und eigentlich nur deshalb hier, um einen Vertreter des Jugendwerkhofes Torgau zu hören. Wie ich erfahren habe, ist das aus Zeitgründen ausgefallen. Ich muß sagen, daß ich das sehr bedaure.

Diskussionsleiter
/Karl Wilhelm Fricke: Wenn er hier ist, kann er sich doch zu Wort melden!

Herr Sengbusch: Er sollte aber offiziell eingeladen werden und auch in einem entsprechenden Gremium sprechen. Offensichtlich ist er deshalb nicht gekommen. Ich bedaure, daß dieser junge Mann aus dem Jugendwerkhof Torgau - -

Diskussionsleiter
/Karl Wilelm Fricke: Wer hier reden will, kann hier reden!

Herr Sengbusch: Das ist klar. Er ist jetzt in Bayern oder wo. Er ist offensichtlich nicht hergekommen. Deshalb will ich versuchen, ein paar Bemerkungen zu dieser Frage zu machen. Ich habe nämlich wochenlang in dieser Sache recherchiert. Strafgefangene, die sowohl Torgau als auch die verschiedenen Haftanstalten kennengelernt haben, haben mir übereinstimmend bestätigt, daß Torgau die schlimmste von allen gewesen sei.

Man denkt, das seien vielleicht Jugendliche gewesen, die meinetwegen gebummelt, sich herumgetrieben haben usw. In Torgau waren - das kann man aus der Aktenlage entnehmen - Jugendliche inhaftiert, die sich durch "gesellschaftswidriges Verhalten", wie es wörtlich hieß, ausgezeichnet haben. Bei Ankunft mußte jeder eine Belehrung unterschreiben, wonach er zu beweisen habe, daß Schluß sei mit seinem gesellschaftswidrigen Verhalten.

Man muß dazu wissen, daß der Jugendwerkhof Torgau kein gewöhnlicher Jugendwerkhof war, sondern das war der schlimmste unter den Jugendwerkhöfen. Dorthin kamen diejenigen, bei denen die normale Erziehung in den Jugendwerkhöfen nicht gefruchtet hatte.

Ich habe nun versucht, über entsprechende schriftliche Materialien mir zunächst einmal ein Bild zu machen. Ich habe einen Untersuchungsbericht der Stadt Torgau gefunden, der leider den Mangel hat, daß kein einziger betroffener Jugendlicher dabei zu Wort gekommen ist. Ich habe dann die gängigen Archivmaterialien im Landratsamt studiert. Da fielen mir einige Sachen auf, die mir doch zu denken gaben.

Ich will einmal aus der Dienstanweisung für die Erzieher "Belehrung über die Anwendung und den Gebrauch von Schlagstöcken" zitieren. Dazu muß man wissen, daß das keine Weidenruten und keine Rohrstöcke waren, sondern Aggregate mit einem Plastegriff und einem Druckkopf. Dann sprang eine Stahlfeder heraus. Siegmar Faust kennt sicher diese Dinge. Am Ende war eine Stahlkugel, mit Plaste umhüllt, damit man möglichst nicht gleich den Schädel damit einschlägt.

In der Belehrung für die Erzieher heißt es:
> Bei Anwendung eines Schlagstockes ist dieser nur aus dem Handgelenk zu schlagen und nicht mit gestrecktem Arm. Dabei ist der Schlag nur in die Weichteile des Gegners zu führen.

Wenn ich nun in Zeitungen die große Neuigkeit lese, daß in DDR-Haftanstalten geschlagen wurde, dann ist das wirklich fast ein bißchen makaber.

Ich möchte auch kurz aus dem Untersuchungsbericht zitieren, der von einer achtköpfigen Kommission zusammengestellt wurde, bevor ich dann einige Betroffene zu Wort kommen lasse. Hier steht:

> Nach Auswertung des vorliegenden Materials kann als sicher gelten, daß Prügel, Arrest, Essenentzug und Zwangssport zu den alltäglichen Disziplinierungsmethoden gehörten. In Torgau hat es eine außerordentlich hohe Selbstmordrate gegeben. Jungen und Mädchen haben versucht, sich auf alle mögliche Weise umzubringen: durch Erhängen, durch Trinken von Giftstoffen, durch Schlucken von Nägeln oder Nadeln.

Daß das den Tatsachen entspricht, geht wieder aus einer Dienstanweisung hervor. Darin heißt es:

> Durch die in letzter Zeit sich massierenden Einweisungen von verhaltensgestörten Jugendlichen häufen sich die Suizidversuche. Deshalb ist es zum Schutze dieser Jugendlichen notwendig, ...

Daß diese Suizidversuche auch durchaus von Erfolg gekrönt waren, geht weiterhin aus der Aktenlage hervor. Ich habe entsprechende Berichte gefunden. Der Jugendwerkhof Torgau mußte jeden Monat einen Bericht an den Genossen Feiks von der Torgauer Dienststelle des Ministeriums für Staatssicherheit abliefern. Da stand eben bei dem Namen Sowieso: "Verstorben". Damit war die Sache für diesen Jugendlichen erledigt.

Ich will jetzt ganz kurz, ohne die Geduld des Auditoriums übermäßig zu beanspruchen - -

Diskussionsleiter
/<u>Karl Wilhelm Fricke:</u> Darum würde ich Sie herzlich bitten.

Herr <u>Sengbusch:</u> Ja, das ist klar. Ich möchte nur ganz wahllos ein paar Leute zitieren, um einen Eindruck zu vermitteln.

Ich zitiere zunächst den Direktor. Auf die Frage, was er dazu sage, daß er die Rationierung der Essenportionen damit begründet habe, Torgau sei keine Mastanstalt für Schweine, antwortete er: Schreiben Sie doch, was Sie wollen; das interessiert mich nicht!

Der Heizer Heinz Meyer:

> Ich habe einmal miterlebt, wie der Erzieher Ralf Spiegel ein Mädchen mit solcher Wucht geschlagen hat, daß sie den 20 Meter langen Flur langgerutscht ist. Jungen und Mädchen, die ausgerastet sind, wurden mit Faustan ruhiggestellt. Ein Junge hat versucht, sich mit der Schnur aus der Kombi umzubringen. Ich habe gesehen, wie das Blut aus den Ohren kam. - Ich kann mich noch an den 1. Mai 1988 erinnern. Da kam der Erzieher Helmut Denisz mit einer Kombi zu mir und meinte, ich solle sie verbrennen. Ich meinte, die Kombi sei doch fast neu. Darauf Denisz: Das hat schon seine Richtigkeit, der Junge hat sich gerade erhängt.

Jetzt ganz kurz ein paar Jugendliche:

Sandro Schmäh:

> Bei Verstößen gegen die Arrestordnung gab es Schläge bzw. Essensentzug. Gefürchtet war die Doppelkombination des Alten (Horst Spiegel): Faustschlag ins Gesicht, Schlag mit dem Schlüsselbund auf den Kopf.

Ein weiterer Jugendlicher, Marko Bansemer:

> Besonders Spaß hat einigen Erziehern die U-Raum-Disco gemacht. Da mußten zwei Jungen so lange aufeinander losgehen, bis einer liegenblieb. Wurde nicht richtig gekämpft, gab es Schläge mit dem Stahlknüppel.

Diskussionsleiter
/Karl Wilhelm Fricke: Ich wäre Ihnen dankbar, wenn Sie zum Ende kämen.

Herr Sengbusch: Ja, ich finde, die Jugendlichen hätten doch ein paar Minuten verdient. Sie machen mich hier dauernd nieder, daß ich Schluß machen soll. Die paar Minuten müßte man wohl opfern können.

(Beifall)

Sven Eibisch:

> Im Jugendwerkhof wurde der Sport als eine Methode benutzt, um uns regelrecht fertigzumachen. 300 Torgauer Dreier - Liegestütz, Hocke, Hockstrecksprung - waren ganz normal.

Kathrin Jackisch:

> Ich bin mit 14 Jahren in den Jugendwerkhof Torgau gekommen. Weil ich mir nichts gefallen ließ, mußte ich gleich am Anfang vier Wochen in verschärfte Einzelhaft. Bei Verstößen gegen die Arrestordnung gab es Schläge bzw. Essensentzug.

Jetzt komme ich schon zum Schluß. Ich will das jetzt wirklich in Ihrem Interesse abkürzen. Es gab also auch Beispiele, daß ein Mädchen im Jugendwerkhof war, anderthalb Jahre später ein Kind bekommen hat und ihm dieses Kind mit der Bemerkung weggenommen wurde: Sie können doch kein Kind großziehen! -

Die Probleme dieser Jugendlichen - ich habe mit sechs Jugendlichen gesprochen, alle arbeitslos - haben sich nach dem Jugendwerkhoftor und leider auch nach der Wende fortgesetzt. Mir hat gerade ein Mädchen gesagt, sie habe mit einer Westberliner Firma einen Arbeitsvertrag in Tüten und Papier gehabt, und als sie den Sozialversicherungsausweis mit der Eintragung aus Torgau habe zeigen müssen, sei Schluß gewesen.

Ich bitte die anwesenden Abgeordneten, sich dieses Problems anzunehmen. Alle anderen bitte ich, wenn sie einmal Zeit haben, sich das Material, das ich der Kommission zur Verfügung stellen werde, durchzusehen.

(Beifall)

Diskussionsleiter
/ <u>Karl Wilhelm Fricke:</u> Ich bin Ihnen sehr dankbar für Ihren Diskussionsbeitrag. Ich bitte um Nachsicht, daß ich immer wieder auf die Uhr schaue. Das ist leider meine Pflicht angesichts der Liste der Wortmeldungen. Ich wollte Sie wirklich nicht niedermachen. Das Problem, das Sie aufgegriffen haben, ist ein sehr ernstes Problem. Ich werde gerade Ihren Diskussionsbeitrag auch zum Anlaß nehmen, noch einmal anzuregen, im Rahmen der Untersuchungen der Enquete-Kommission zum Strafvollzug auch den Jugendstrafvollzug besonders zu untersuchen. Insofern vielen Dank.

(Zuruf: Hoffentlich geschieht das einmal!)

- Ich würde Sie bitten, sich zu Wort zu melden. - Das geschieht schon. Aber Sie können sich gern zu Wort melden, wenn Sie wollen.

Herr Kahl hat das Wort.

Dr. Harald Kahl (CDU/CSU): Ich wollte noch eine Anmerkung zu dem machen, was Prof. Schuller eingangs sagte, und zwar zu dem Thema Unberechenbarkeit der Entscheidungen der Obrigkeit. Ich will ein kleines Beispiel aus meinen persönlichen Leben hierzu beitragen.

Meine Frau war als Lehrerin beschäftigt, ich war im Gesundheitswesen tätig. An dem gleichen Tage bekamen meine Frau über den Kreisschulrat und ich über den Kreisarzt eine Mitteilung, unser Kind, das den evangelischen Kindergarten besuchte, müsse sofort aus dem evangelischen Kindergarten herausgenommen werde, da sich der Aufenthalt dort nicht mit der Tätigkeit meiner Frau im öffentlichen Dienst, sprich als Lehrerin, vereinbaren würde. Daraufhin haben wir um einen Termin bei dem SED-Kreissekretär gebeten. Als ich dem SED-Kreissekretär sagte, mein Sohn gehe auch weiterhin in den evangelischen Kindergarten, sagte er: Wir betrachten das Christentum als eine überlebte Angelegenheit; in einer Übergangsphase müssen wir uns in einer friedlichen Koexistenz damit abfinden; Sie können als CDU-Mitglied und als Christ Ihren Sohn im evangelischen Kindergarten lassen. - Meine Frau ist parteilos gewesen, und ihr hat man gesagt, sie müsse die Konsequenzen ziehen. Die Konsequenzen sahen so aus, daß man weder mich noch meine Frau in irgendeiner Form weiter behelligt hat, sondern meine Frau bekam einen Monat später sogar im Schuldienst eine Prämie für besonders gute Ergebnisse in der pädagogischen Erziehung.

Ich wollte Ihnen damit sagen, daß es durchaus möglich war, sich, wenn auch winzige, aber dennoch Freiräume zu schaffen. Man genoß dann so eine Art Narrenfreiheit. Es war vielleicht auch so eine Art Ventilfunktion, die man da mit auszufüllen hatte.

Diskussionsleiter
/Karl Wilhelm Fricke: Vielen Dank, Herr Dr. Kahl. Herr Weißkirchen.

Gert Weisskirchen (Wiesloch) (SPD): Herr Fricke, in Anbetracht dessen, daß die Würde der Opfer vor unserer Wortmeldung hier steht, ziehe ich meine Wortmeldung zurück.

Diskussionsleiter
/Karl Wilhelm Fricke: Das hatte übrigens Herr Dehnel auch schon getan. Frau Wilms.

Dr. Dorothee Wilms (CDU/CSU): Ich würde gern Frau Stege bitten. Sie hat eben in großer Bescheidenheit nur wenige Anmerkungen zu ihrem Lebenslauf gemacht, und ich glaube, es wäre interessant, gerade das Schicksal von Frauen hier noch etwas zu beleuchten. Das geht ja, wie wir wissen, sowohl in der Historie als auch in der aktuellen Diskussion - siehe Balkan - etwas unter. Es wäre vielleicht gut, Herr Vorsitzender, wenn Sie Frau Stege noch einmal das Wort gäben.
(Beifall)
Ich möchte mich gleichzeitig auch persönlich sehr bei Prof. Schuller für seine Darstellung bedanken, die gerade auch für uns aus dem Westen sehr instruktiv war. Und wenn ich die temperamentvolle Wortmeldung der Dame da hinten höre, die sagt, laßt uns doch mehr noch von diesen Pressionen im Alltag reden, so ordnet sich das, glaube ich, gut in Ihrer Gedankengänge, Herr Schuller, ein. Ich glaube, Sie haben recht, wenn Sie Ihre Bemerkungen mit der Feststellung begonnen haben, daß die DDR eben kein Rechtsstaat war, daß sie geistesgeschichtlich in eine Voraufklärungszeit zurückgefallen ist, weil der einzelne gegenüber diesem Staat eben keine Rechte hatte. Und meine Frage an Sie, Herr Schuller, wäre: Ist von dem Tatbestand, den Sie geschildert haben und der durch aktuelle Beispiele noch einmal fundiert worden ist, in der Wissenschaft der Alt-Bundesrepublik Deutschland - und wir sind ja eine Enquete-Kommission für alle Deutschen - immer genügend Kenntnis genommen worden?

Diskussionsleiter
/Karl Wilhelm Fricke: Vielen Dank, Frau Wilms. Frau Stege, ich hatte Ihren Namen - das ist mein Alibi - noch auf meiner Rednerliste.

Sve Stege: Ich mag nicht unter Zeitdruck kommen!

Diskussionsleiter
/Karl Wilhelm Fricke: Dann würde ich Sie bitten, doch gleich das Wort zu nehmen und über das Kollektivschicksal gefangener Frauen zu sprechen.

Sve Stege: Das kommt also ein bißchen sehr kurz. Unter "Stege" steht hier: "ohne Verurteilung Verschleppung in die Sowjetunion". Denn nachdem ich vier Jahre in der DDR war, kam ich schon wieder in Untersuchungshaft, hatte zehn Jahre Berlinverbot. Und wie ich jetzt im Frühjahr bis Frühsommer feststellen mußte, wurde ich 34 Jahre von der Stasi observiert. Das nur zu Beginn.

Geboren bin ich in einem Dorf in der östlichen Mark Brandenburg. Meine Familie mußte 1945 flüchten. Februar/März bestand fast nur aus Vergewaltigungen und Verhören. Dazu möchte ich Ihnen den "Stern" zeigen. Von Berliner Frauen, einer parteiübergreifenden Gruppe, wird gefordert, daß Vergewaltigungen zu Kriegsverbrechen erklärt werden.

(Beifall im ganzen Hause)

Ich habe über Sibirien ein Buch geschrieben. Falls es Sie interessiert, können Sie es gern bei mir bestellen. Ich denke, daß vielen das Leben in einem Gulag bekannt ist, über Solschenizyn, über Scharlamow, über Jewgenija Ginsberg. Wir wurden am 20. März 1945 nach Sibirien in ein Gulag, in ein Straflager, deportiert. Der Transport in Viehwaggons dauerte etwa vier Wochen. Sibirien habe ich eigentlich nur durch meinen Glauben überleben können.

Sie wissen wahrscheinlich, wie das Leben in einem Lager ist. Wir bekamen mehr zu rauchen als zu essen. Der tägliche Hunger, die Kälte. Wir kamen im Oktober 1949 zurück. Der Transport, der auf der Hinfahrt aus 600 Frauen bestand, war auf ein Drittel dezimiert. Also 400 Frauen sind in den fünf Jahren in Sibiren gestorben.

Meine Familie war "geflüchtet worden", sage ich gern. Sie lebte nun in einem Dorf nördlich von Berlin. Ich habe eigentlich alles erlebt, was in dieser Zeit möglich war: Wir sind vertrieben worden, ich bin vergewaltigt worden, und ich bin deportiert worden. Über viele Jahre verfolgten mich Alpträume. Immer wieder war ich im Lager in Sibirien. Ich verzog dann etwa 1951 nach Berlin, da ich glaubte, in der Anonymität der Großstadt das Leben mit diesen schlimmen Alpträumen leichter ertragen zu können.

Seit 1992, als ich meine Stasi-Akten sehen konnte, die sich auf 34 Jahre beziehen, vom 7. Januar 1954 bis Mai 1988, weiß ich, daß ich während dieser gesamten Zeit observiert wurde. Am 8. und 9. Juli 1954 - ich war also gerade vier Jahre in Deutschland - kam ich in Untersuchungshaft wegen Spionageverdachts. Damals war das noch sehr brutal. Man arbeitete mit Drohungen und Versprechungen. Nach zwei Tagen wurde ich entlassen.

Nach Entlassung aus der U-Haft durfte ich zehn Jahre nicht in Berlin wohnen, also Berlinverbot. In den 24 Jahren, die ich beim Außenhandel arbeitete, hatte ich nur Schikanen, Repressalien und Diskriminierungen. Mehrmals forderte man mich auf zu kündigen, da ich politisch nicht tragbar und nicht zuverlässig sei. Im April 1990 habe ich nach meinen Kaderakten gefahndet und sie dann auch beim Magistrat gefunden. In diesen Kaderakten waren noch einige Beurteilungen, die bestätigen, daß ich immer wieder politisch unzuverlässig war, da ich in Sibirien war - man setzte voraus, zur Umerziehung - und da ich noch nicht Mitglied der Partei war. Das war den Herren Direktoren unverständlich. Man habe mich also ständig beobachten und kontrollieren müssen. Mehrmals legte man mir nahe, den Betrieb zu verlassen und zu kündigen.

Das beginnt schon in den fünfziger Jahren, als mein älterer Bruder die DDR verläßt und in die BRD flüchtet; dann etwa 1963 nach dem ersten Fluchtversuch meines jüngeren Bruders. Der Tenor, das Tabu bleiben über 40 Jahre DDR gleich: Die "Freunde" - das war die UdSSR - haben niemanden nach Sibirien gebracht, der nichts verbrochen hat. - So ein älterer Genosse beim Außenhandel. Strafversetzung, Gehaltskürzung!

Ich möchte mich aber doch als Opfer bezeichnen, zumindest von 1945 bis 1968. 1968, der Einmarsch in die CSSR. Trotz vieler Ängste verweigere ich zum ersten Male meine Unterschrift unter eine Resolution, die den Einmarsch in die CSSR begrüßt. Wieder droht man mir und fordert mich erneut auf zu kündigen. Ich bekomme Reiseverbot für Dienstreisen ins Ausland. Generell durfte ich nur nach Osteuropa fahren.

1978 dann das endgültige Aus. Ich muß meinen Betrieb verlassen. Berufsverbot, Sippenhaft. Mein Bruder hatte einen Fluchtversuch unternommen und saß in Untersuchungshaft in Brandenburg. Während der Zeit, als mein Bruder in Untersuchungshaft war, sagte mir meine Kaderleiterin schon: In dem Moment, wo meinem Bruder die Staatsbürgerschaft aberkannt werde, müsse ich auch gehen.

Mein Bruder wird dann nach einem Jahr Haft über Herrn Vogel für 75 000 DM verkauft. Wie damals bekannt war und heute sicherlich noch besser bekannt ist, bekam Herr Vogel von jeder Summe, die er herausgewirtschaftet hatte, 10 %.

Ich hatte dann 1978 - ich war ja aus politischen Gründen beim Außenhandel entlassen, und der Außenhandel war schon ein sehr wichtiger Betrieb - große Schwierigkeiten, Arbeit zu bekommen. Ich habe dann als Ankleiderin im Metropoltheater gearbeitet, da das Metropoltheater ein staatliches Theater war. Ich war dort eine bessere Putzfrau. In der Zeit beim Außenhandel, als man mir immer nahelegte zu kündigen, habe ich mich bei drei Betrieben beworben, an die ich mich noch erinnere. Ich hatte auch schon Absprachen mit den Abteilungsleitern, wo ich anfangen sollte. Das war mir schriftlich zugesichert. Später - ich nehme an, nachdem meine Kaderakten oder Personalakten in diesen Betrieben waren - bekam ich eine freundliche Ablehnung.

1978 bis 1983 arbeitete ich als Ankleiderin beim Metropoltheater. Ich komme mit dem Leben hier nicht mehr zurecht. Die Haftjahre, die über Jahrzehnte anhaltenden Repressalien in der DDR haben mich psychisch und physisch krank gemacht.

Im Januar 1981 stelle ich eine Ausreiseantrag. Wieder kommt die Stasi. Diesen Ausreiseantrag nehme ich im November 1982 zurück, da ich gesundheitlich in einer schweren Krise bin, beantrage meine Invalidisierung. Nach etwa einem halben Jahr werde ich invalidisiert.

Diskussionsleiter
/Karl Wilhelm Fricke: Das zeigt doch, wie stark die Vergangenheit bis in die Gegenwart reicht. Ich muß auch Sie leider ein bißchen auf die Zeit aufmerksam machen.

Sve Stege: Ja, ich reduziere mich. Es geht aber noch ein bißchen weiter.

Ende 1981 schließe ich mich dem Friedenskreis in Berlin-Pankow an. Hier finde ich Kraft zum weiteren Leben, hier finde ich endlich ein politisches Zuhause und auch die Kraft, die Wahlen zu boykottieren bzw. in die Kabine zu gehen.

1992: Von Ostern bis zum Frühjahr 1992 sehe ich meine Stasi-Akten ein. Meine Observierung dauerte - wie ich schon sagte - über 34 Jahre. 1979 heißt es:

> Die Stege nimmt für den Hauptinspirator der kriminellen Menschenhandelsbande in der DDR eine Stützpunktrolle ein.

Informationen über mich gehen an die Abteilung XXVI über den Stellvertreter des Ministers Genossen Generalleutnant Maibern. Des weiteren heißt es:

> Durch den Einsatz von Quellen der Abteilung XXVI (Postkontrolle, Telefonkontrolle, Wanzen)

20 IMs sind in dieser Zeit eingesetzt, von denen ich bis heute bis auf zwei mir bekannte Ärzte nur die Decknamen weiß. Beide Ärzte sind mir gut bekannt. Der eine war ein Freund, der zweite ein behandelnder Arzt meiner Mutter und gleichzeitig Chefarzt. Er war es auch, der sich in meine Wohnung schmuggelte und eine Skizze von meiner Wohnung anfertigte, so daß man dann die Wanzen installieren konnte.

Ich kann das, was ich in den Stasi-Akten, die mehrere Meter ausmachen - bei 34 Jahren ist das ja klar -, lese, nicht allein verarbeiten. Seit einigen Monaten betreut mich das Behandlungszentrum für Folteropfer im Klinikum Charlottenburg.

Zu all den persönlichen Problemen belastet mich die Ungleichbehandlung in unserem Land. Seit fast drei Jahren arbeite ich im Vorstand des Bundes Stalinistisch Verfolgter, Landesverband Berlin, für die Entschädigung der Frauen, die wie ich deportiert waren. Wieder werden wir verschwiegen. In keines der Unrechtsbereinigungsgesetze sind wir aufgenommen. Für den Deutschen Bundestag existieren wir nicht. Das ist für mich eine schreiende Ungerechtigkeit, eine Unmenschlichkeit. Vergewaltigt, deportiert, 40 Jahre in der DDR verschwiegen. Und heute? Was tut diese Bundesregierung? Sie schweigt weiter.

(Beifall)

Meine Damen und Herren, wartet sie darauf, daß sich das Schicksal der deportierten Frauen biologisch erledigt?

Ich appelliere an Ihre Menschlichkeit und fordere Menschenrecht, Menschenwürde für die deportierten Frauen, die heute alle sehr alt und krank sind und überwiegend Invalidenrentner. Ich appelliere an Sie, meine Damen und Herren des Bundestages und der Enquete-Kommission, sich für die Deportationsopfer unbedingt und schnellstens einzusetzen, damit wir in ein Unrechtsbereinigungsgesetz aufgenommen und entschädigt werden. Es darf nicht so sein, wie es im Kriegsbereinigungsgesetz heißt, daß wir keinen Anspruch haben. Nur wenn wir in einem sozialen Notstand sind, darf man uns freundlicherweise eine Entschädigung gewähren.

(Beifall)

Diskussionsleiter
/Karl Wilhelm Fricke: Vielen Dank, Frau Stege. Ich bin sicher, daß Ihr eindringlicher Appell nicht auf taube Ohren gestoßen ist. Ich finde es gut, daß Sie das Podium dieser Diskussion dazu genutzt haben, Ihre Worte noch einmal in dieser Weise zu unterstreichen.

Es wäre nicht fair, wenn ich nicht der zweiten Frau in dieser Runde, die auch ein Anliegen vorzutragen hat, das Wort geben würde. Frau Rothe.

Sve Rothe: Es ist natürlich erschütternd, wenn ich diese Sachen von Frau Stege und auch die von den Schülern hier höre. Ich bin schließlich Lehrerin gewesen. Das hat mich auch sehr erschüttert.

Wissen Sie, ich könnte Ihnen jetzt sehr lange ähnliche Dinge von unseren Menschen erzählen. die zum Teil nicht inhaftiert wurden. Vielleicht nur eine kleine Sache: Eines Tages kam eine Frau, Frau Voigt, eine feine alte Dame mit einem Lächeln im Gesicht. Sie erzählte mir eine fürchterliche Geschichte, ihr Schicksal. Das schlimmste war für mich, als sie mir ein Bild zeigte mit einem kleinen dreivierteljährigen Kind, mit Blumen umkränzt, im Sarg. Sie sagte: Ich konnte an der Beerdigung meines Kindes nicht teilnehmen; denn ich habe es in Heimaterde bestatten lassen. - Sie war ausgesiedelt.

Die Ausgesiedelten durften nicht zurück. Ihre Eltern, oft krank zurückgeblieben oder durch das schlimme Schicksal der Familie krank geworden, hätten kaum ernährt werden können, wenn sich nicht Bekannte gefunden hätten. Die eigene Familie durfte ja nicht zurück. Es sind furchtbare, unmenschliche Dinge geschehen.

Ich möchte aber den Trennungsstrich nicht bei der Wende so hart setzen; denn ich bin hier, um für viele Tausende zu sprechen, die dieses Schicksal der Zwangsdeportation aus dem Grenzgebiet betroffen hat. Sie fühlen sich heute sehr, sehr elend. Und das möchte ich hier zum Ausdruck bringen.

Wir sind nun im dritten Jahr der deutschen Einheit. Unmittelbar nach der Wende haben wir mit unserer Bewegung begonnen. Wir haben im Februar dieses Jahres von Herrn Dr. Kinkel öffentlich zugesichert bekommen: Die Zwangsausgesiedelten sind zu rehabilitieren, ihre Vermögenswerte sind zurückzuerstatten. Ich füge hinzu: Unsere Menschen, die betroffenen Zwangsausgesiedelten, sind keine Großgrundbesitzer oder reichen Menschen. Sie haben ihr Heim oftmals aus den Trümmern nach dem Krieg selbst wiederaufgebaut und ihre Erde, die das Häuschen umgab, selbst bearbeitet. Deshalb hängen sie auch heute noch an diesem Stückchen Heimat.

Nachdem wir zwei Jahre brauchten, um der Bundesregierung klarzumachen, daß es sich um Verbrechen handelte, und zwar um stabsmäßig vorbereitete Verbrechen - es sind Geheime Verschlußsachen gewesen, denen Zehntausende Menschen zum Opfer gefallen sind -, hat sich bis jetzt nichts getan. Wir haben darum gebeten - und ich bitte jetzt die Bundestagsabgeordneten, uns zu unterstützen -, wenigstens in Kürze eine Rehabilitierungsveranstaltung durchzuführen. Wir haben dreimal beim

Bundeskanzler darum gebeten. Wir haben auch im Bonner Justizministerium vorgesprochen. Es ist immer abgelehnt worden, eine Rehabilitierung in öffentlicher und würdiger Form vorzunehmen, so daß unsere Betroffenen dabeisein können, daß dort eine geschichtliche Bewertung erfolgt und daß eine öffentliche Ehrenerklärung für Menschen, die zeit ihres Lebens als Verbrecher, bis hin zu Sittlichkeitsverbrechern und allen möglichen Varianten, verschrien wurden, abgegeben wird. Wir bitten Sie herzlich darum.

(Beifall)

Das ist der eine Punkt. Der zweite Punkt ist der, daß heute viele dieser Häuser leerstehen. Sie verfallen sichtlich. Sie sind völlig kaputt. Ich habe hier ein Foto mit. Ich reiche es einmal herum. Obwohl viele Häuser leerstehen, dürfen die Alteigentümer nicht zurück. Wir sind im 2. Gesetz erfaßt. Es kann 1993, 1994 werden, und dann beginnt der lange gesetzliche Weg. Diese Häuser sind bis dahin zerfallen. Unsere Leute stehen davor und können nicht hinein. Kommt in der Zwischenzeit ein Investor - mag sein, er will einen Gasthof darin errichten -, dann ist das Stückchen Heimat für die Betroffenen weg. Wir haben Fälle gehabt, wo der Alteigentümer mit einem Investitionsvorhaben kam und das Grundstück deshalb nicht zurückbekam, weil er Alteigentümer war.

Es gibt Menschen, die keine Entschädigung erhalten haben. Heute sollen sie 100 000 DM auf den Tisch legen, um ihr Stückchen Heimat zurückzubekommen. Wo - so fragen die Leute, und ich meine, sie fragen das zu Recht - steckt hier die Gerechtigkeit? Wissen Sie, wir nehmen das Wort "Rechtsstaat" eigentlich gar nicht so oft in den Mund. Man hat dahinter - denn der Grund der Aussiedlung war ja in der Regel Sympathie mit der Bundesrepublik - einfach ein Stücken Gerechtigkeit und, bitte, Sensiblität, einfache menschliche Sensiblität erhofft. Und wenn heute Schreiben vom Bonner Justizministerium kommen, in denen steht, bei den Zwangsaussiedlungen habe es sich nicht um unlautere Machenschaften gehandelt, oder wenn z. B. das Amt für Rehabilitierungsfragen in Neuhaus - ich habe den Brief abgelichtet - schreibt, es habe sich nicht um diskriminierende Maßnahmen gehandelt, dann fühlen sich unsere alten Menschen erneut verhöhnt. Sie können damit gar nicht mehr zurechtkommen, sie zerbrechen seelisch, und zwar heute. Darauf möchte ich Sie hinweisen.

Es ist zum letzten Punkt auch so, daß eine Arbeit in einem solchen Verband nicht einfach ist.

Wolfgang Dehnel (CDU/CSU): Ich wollte Ihnen ganz kurz erklären, daß Ihre Angelegenheit im Petitionsausschuß vorliegt. Da gibt es eine Sammelpetition, die garantiert positiv entschieden wird.

Sve Rothe: Nun ja, es wurde schon sehr viel gesagt. Wissen Sie, ich bin an einem Punkt angelangt, wo ich erst etwas glaube, wenn es wirklich eingetreten ist.
(Beifall)
Wir haben in Bonn am 29. Oktober für die Abgeordneten und für viele Politiker - wir hatten 80 Gäste geladen - ein öffentliches Anhöreverfahren vorbereitet, sehr niveauvoll, sehr gut, mit sehr viel Mühe in vielen Nachtstunden. Wir haben uns auch um einen Termin bemüht. Man hatte uns gesagt, daß sonntags kein Abgeordneter kommt. Entschuldigen Sie, es war so. Dann haben wir mit viel Mühe und Absprache einen Termin vereinbart. Ich muß Ihnen sagen, es waren von 80 geladenen Gästen zehn da. Das waren vorrangig Vertreter von Verbänden. Es waren nur drei Bundestagsabgeordnete erschienen, vom Bundesrat und vielen anderen Institutionen niemand.

Wir haben dieses Anhöreverfahren in Erfurt wiederholt. Ein Justizminister sagte dazu: Na, der Verband muß sich doch nicht wundern, wenn er sogar Anhöreverfahren initiiert, daß man ihn dann links liegen läßt. -

Wir haben es sehr, sehr schwer in einem solchen politischen Verband. Ich bitte Sie ganz, ganz herzlich, diesen Menschen ihre Unterstützung nicht zu verweigern.

Nur einen Satz noch, den allerletzten: Bei unserem Anhöreverfahren jetzt in Erfurt waren glücklicherweise viele Ämtervertreter anwesend, die sich mit uns einig sehen, also

Landräte und ähnliches. Leichtsinnigerweise sagten wir: Bitte, schreiben Sie an das Plakat die Namen derer, die in der jüngsten Vergangenheit verstorben sind. Wir waren schockiert, weil fast alle der im Saal anwesenden 350 Leute sich nach vorn bewegten und schreiben wollten. Unsere Menschen sterben. Die biologische Lösung kann nicht das Resultat sein.

(Beifall)

Diskussionsleiter
/Karl Wilhelm Fricke: Sie sehen, Frau Rothe, auch zu Ihrem betroffen machenden Beitrag viel Zustimmung, ein Zeichen dafür, wie stark die Schatten der Vergangenheit noch immer über der Gegenwart lagern und wie schwierig es ist, die Erblast des DDR-Sozialismus abzutragen. Das sollte man dabei nicht vergessen.

Das Wort hat Frau Angelika Barbe.

Angelika Barbe (SPD): Ich würde zuerst ganz gern auf das eingehen, was Sie sagten, Herr Dehnel. Wissen Sie, der Fall der Eva-Maria Stege ist im Petitionsausschuß, dem ich auch angehöre, ebenfalls positiv beschieden worden. Das hatte aber auf die gesetzlichen Regelungen absolut keine Auswirkungen. Das muß man hier noch einmal deutlich sagen. Es ist so, daß im 1. Unrechtsbereinigungsgesetz dieser Fall, der uns schon seit zwei Jahren vorliegt - ich kenne Eva-Maria Stege aus dem Friedenskreis Pankow -, nicht berücksichtigt ist. Wir bemühen uns seit Jahren darum, daß sich gesetzlich etwas bewegt. Aber weil es Geld kostet, hat das noch keine Auswirkungen gehabt. Ich will das hier nur noch einmal deutlich sagen.

Ebenso befürchte ich, wenn wir uns nicht wirklich alle zusammentun, daß auch im Falle der Zwangsausgesiedelten auf die biologische Lösung gehofft wird. Auch das will ich hier noch einmal deutlich sagen. Das geht aber nicht.

Es ist allerdings so, daß diejenigen, die hier heute sitzen, auch das meiste Mitgefühl dafür entwickeln. Ich bedaure außerordentlich, daß sehr wenige Juristen im Deutschen Bundestag hier anwesend sind, Juristen, die uns sonst immer große Hürden aufzeigen und uns erzählen, was alles nicht möglich ist. Ich hätte mir erhofft, daß heute Juristen anwesend sind und sagen: Jetzt versuchen wir einmal Instrumentarien zu entwickeln, um zu beweisen, was wir möglich machen können. Das ist das eine, zu diesem Fall.

Der Fall der Eva-Maria Stege ist aus dem 1. Gesetz herausgefallen. Wäre es nicht möglich - das ist heute meine Anregung -, daß der Fall dieser 300 noch lebenden Frauen separat gelöst wird, nicht unbedingt in einem 2. Unrechtsbereinigungsgesetz, das sich möglicherweise noch jahrelang hinziehen wird? Hier handelt es sich um eine klar umrissene Sachlage. Vielleicht könnten wir gemeinsam eine Lösung finden, eine Stiftungslösung, eine gesetzliche Lösung. Die Lösungsvariante ist egal, Hauptsache, wir finden eine und möglichst noch in diesem Jahr. Das dazu.

(Beifall)

Zum zweiten: Torgau. Ich bin Ihnen sehr dankbar, daß Sie das Beispiel des Jugendwerkhofs Torgau noch einmal angesprochen haben. Gestern nach dem Bericht der Psychologin stand ja eine junge Frau auf, die selbst in diesem Jugendwerkhof war. Sie war extra angereist, um dieses Thema hier noch einmal anzusprechen. Ich finde es ganz wichtig, daß Sie das auf die Tagesordnung gebracht haben. Und ich denke, auch hier müssen wir gesetzliche Lösungen finden, und zwar schnellstens, daß für die Jugendlichen, die durch diese Lager gegangen sind und jetzt wirklich alle Arbeitslosigkeit zu befürchten haben oder erdulden und erleiden, Ausnahmeregelungen geschaffen werden. In jedem Gesetz, das ich bis jetzt gesehen habe, gibt es Ausnahmeregelungen. Es ist meist nur keine Lobby für diejenigen da, die es betrifft, um das durchzusetzen. Auch das muß doch möglich sein.

Das dritte. Ich möchte noch einmal die Linien aufzeigen, wie es dazu kam, daß all dies passieren konnte und ein großer Teil der Bevölkerung, aber natürlich ein sehr viel größerer oder der größte Teil der politisch Verantwortlichen unter Wahrnehmungsverlust gelitten hat.

Ich kann mich erinnern, wenn ich in der Schule ahnungslos und naiv bestimmte Beispiele diskutierte, wurde mir immer gesagt: Was du immer mit deinen Ausnahmen hier ankommst! - Das wurde also völlig heruntergedrückt, und es wurde gesagt: Dies existiert einfach nicht. Nach der Palmströmvariante ist das, was nicht sein kann, auch nicht wahr. Die Frage ist: Wie haben auch politisch Verantwortliche diesen Wahrnehmungsverlust gefördert und zu diesem Wahrnehmungsverlust beigetragen und ihn verharmlost? Diese Entwicklungslinie zieht sich ja bis in die heutige Zeit!

(Beifall)

Zu mir kommen ehemalige politische Verantwortliche und beklagen sich bei mir, daß ihre Rente nicht hoch genug sei, da sie doch so unheimlich gut in diesem Staat hier gearbeitet hätten. Ich wünsche jedem eine gute Rente. Das ist überhaupt nicht das Problem. Nur, ich habe denen dann gesagt: Ich möchte erst einmal dafür sorgen, daß diejenigen, die politisch verfolgt waren und sich wirklich anständig verhalten haben, irgendwann zu ihrem Recht kommen. Das Problem an der Geschichte ist, daß eben juristische Hürden da sind, wo wir im Augenblick nur gegen Wände laufen und die wir nicht überwinden können.

Die Linie geht ja weiter von dem Wahrnehmungsverlust zur Verharmlosung und jetzt zur Verantwortungsübernahme. Und das möchte ich auch noch einmal deutlich betonen: Wenn man darüber spricht, wie das Ganze stattgefunden hat, Macht, Legitimation und Verantwortung, dann stelle ich fest: Sie fühlten sich zwar damals alle als gewählte Vertreter, aber Verantwortung will hier keiner übernehmen, übernimmt auch keiner. Und das muß doch noch einmal deutlich gemacht werden: Endlich müssen die Verantwortlichen der SED als Machtpartei, die das MfS befehligte, die Repressionen in jeglicher Form veranlaßte - das wurde heute von Herrn Schüller sehr gut gesagt -, auch benannt werden. Ich hätte mir gewünscht, wir hätten sie gleich 1989 zur kriminellen Vereinigung gemacht.

(Lebhafter Beifall)

Dann hätten wir uns all diesen Ärger heute ersparen können.

Und als Schlußsatz noch einmal: Welche Strategien gab es denn eigentlich für den Normalbürger, die Angst zu überwinden? Das ist ja das, was Herr Poppe ansprach: Man konnte handeln, man konnte Angst überwinden, aber es war nicht einfach. Wenn ich an mich denke, dann ging es nur dadurch, daß ich sagte: Eigentlich habe ich hier nichts mehr zu verlieren! Die größte Angst bei uns war, daß den Kindern etwas zustößt.

(Beifall)

Aber wir sagten uns: Ich kann eigentlich nur noch etwas dafür tun, daß sie es in Zukunft besser haben. - Es gab also die Strategie, Angst zu verlieren, weil man nichts mehr zu verlieren hat.

Mit welchen Strategien war das möglich? Eine Strategie war z. B. die bewußte Offenheit, indem man sich sagte, es hat sowieso keinen Sinn, konspirativ zu sein, man muß offen sein und deutlich sagen, was man will, damit sie auch wissen, worum es geht, denn davor haben sie sowieso die größte Angst.

Und als zweites Handlungsprinzip der bewußte Zusammenschluß mit anderen Gleichgesinnten, damit man nicht isoliert war und nicht allein stand. Auch wenn es wenige waren, gab mir das jedenfalls Kraft, das Wort auch deutlich zu sagen und öffentlich zu machen und nicht allein zu stehen.

Deshalb ist es auch wichtig, daß alle die, die hier aufgestanden sind, Frau Rothe, Frau Stege, der Mann aus Torgau, sagen: Jetzt, bitte, tut auch etwas für diejenigen, die sich in Verbänden zusammengeschlossen haben, die um ihr Recht kämpfen. Sie haben nicht diese große Stimme wie viele westliche Verbandsvertreter, wenn ich an die Pharmaindustrie usw. denke, die sich jetzt bei der Gesundheitsstrukturreform sehr lautstark zu Wort melden. Ich bitte Sie alle, dieses, was hier zur Sprache gekommen ist, auch wahrzunehmen und endlich danach zu handeln.

(Beifall)

Diskussionsleiter
/Karl Wilhelm Fricke: Herr Professor Schüller, Sie sind angesprochen worden. Sie sind auch in diesem Podiumsgespräch überhaupt noch nicht zu Wort gekommen. Vielleicht darf ich Sie bitten, die Gelegenheit zu nehmen, natürlich auch mit dem Hinweis, daß wir nur noch zehn Minuten für diese Diskussion zur Verfügung haben.

Sv Dr. Schuller: Also im Staccato.

Erstens. Wenn ich überhaupt hier sitze, habe ich wieder einmal dieses schlechte Gewissen als Westler, der nun kein Opfer ist, allerdings immer ein Gegner war. Dann sieht es ja so aus, als ob ich mit Ulrich Schacht identisch wäre. Es gibt wohl noch einen kleinen Unterschied zwischen uns. Also das, was sich aus Ihrer Gegnerschaft entwickelt hat, liegt bei mir nicht vor.

Zweitens ein paar Punkte, die so angesprochen worden sind.

Ich verstehe, obwohl ich Jurist war, immer noch nicht, wieso finanzielle Schwierigkeiten da sind, wo es doch das Vermögen einer Partei gibt,

(Beifall)

die sich ja extra deshalb nicht umbenannt hatte, um ihr Vermögen behalten zu können. Das war doch der Grund, den der Mann Ende 1989 benannt hat, der jetzt sagt, er wolle nur noch bis zum Januar Vorsitzender bleiben. Es ist mir also nach wie vor unverständlich, wieso dieses auf illegitime Weise angehäufte Vermögen nicht dafür genommen werden kann.

Zum Schweigen: Ich hatte ja gesagt, daß in der letzten Zeit der DDR dieses Schweigen oder das Schweigenmüssen durch die Strategien durchbrochen worden ist, die ja hier auch zum Teil genannt worden sind. Aber die Isolierung der einzelnen und der Zwang, schweigen zu müssen, den man dann durchbrechen konnte, war natürlich ein Strukturelement dieses Staates.

Zu den Aussiedlungsdingen: Es ist ja nicht "nur" - in sehr vielen Anführungsstrichen - das geschehen, was hier gesagt worden ist, sondern aus meiner Tätigkeit kann ich hinzufügen: Wenn Ausgesiedelte, die nachts mit Gewalt auf Lastwagen geschmissen wurden, in ihrer Verzweiflung sagten, wir bleiben aber hier, wir wollen nicht, was sind das für Methoden, dann war das Boykotthetze nach Artikel 6 der Verfassung und führte zu Zuchthausstrafen. Das kam dann also auch noch hinzu.

Vorletztens - also Sie merken, ich mache das ganz schnell -: Das Thema, das die Dame dort und Frau Eva-Maria Stege, die ja ein lebendes Beispiel dafür ist, anschnitten, finde ich wirklich ganz wichtig, daß nämlich gewissermaßen unterhalb der Ebene des In-die-politische-Strafjustiz-Kommens dieses Netzwerk, diese ständigen Fallen, dieses Von-der-Kaderakte-Verfolgtsein, dieses prinzipiell beruflich und überhaupt in der gesamten Lebensentfaltung Behindertsein durch diese Krake weitaus mehr thematisiert und erforscht werden, als es jetzt geschieht.

Letztens die Frage von Frau Wilms, wie es denn mit der Wahrnehmung dieser Dinge durch die Wissenschaft bestellt sei: Da muß ich sagen, daß es, grosso modo gesehen, mit ganz wenigen Ausnahmen - eine partielle Ausnahme ist Herr Schroeder, der hier sitzt, und von der Profession, von der Zeitgeschichte her ist der von mir genannte Hermann Weber hier - bei den Zeitgeschichtlern und auch bei den Juristen nicht interessiert hat. Das macht jetzt auch Schwierigkeiten bei der strafrechtlichen Bewältigung. Jetzt kommen Strafjuristen - ich kenne ja viele Kollegen -, die sich nie dafür interessiert haben, plötzlich mit diesen Fragen in Berührung. Da kommen natürlich Fehlurteile zustande, da kommen abenteuerliche Vorstellungen, die da lauten: Wieso, hier gibt es doch Protokolle, da ist doch in der Untersuchung ausgesagt worden! oder: Spionage ist doch in jedem Staat strafbar, und Sie sind wegen Spionage verurteilt worden! - Also die mangelnde Wahrnehmung ist eine ganz große Schande dieser altwestlichen Wissenschaft und Justiz.

(Beifall)

Ich bin ja auch eine Ausnahme. Ich habe in der Zeit davor, natürlich ohne Erfolg, oft in Artikeln, Besprechungen, Rezensionen der politischen Wissenschaft, der Zeitgeschichte und der Jurisprudenz Herrn Fricke als Beispiel genannt: Da tut ein einzelner Mann, Herr Fricke, der Journalist von Beruf ist, das, was ihr eigentlich von Profession wegen tun müßtet!

(Beifall)

Diskussionsleiter
/Karl Wilhelm Fricke: Vielen Dank. Das war nicht mit mir abgesprochen.

Ich möchte noch zwei Wortmeldungen aus dem Publikum berücksichtigen, einmal Herrn Voigt und dann Frau Berg.

Herr Voigt: Es fällt mir schwer, nach den Berichten zu sprechen, weil ich nicht so hart betroffen bin. Aber es bewegt mich ganz einfach, auf etwas aufmerksam zu machen: die Scham. Hier wurde darüber gesprochen, wie die Würde des Menschen angekratzt wurde. Ich sehe das so: Meine Würde ist angekratzt worden. Ich schäme mich heute vieler Sachen, die ich geduldet habe. Ich will an einem Beispiel sagen, wie das in der Familie greift.

Unser Sohn hat nicht die Jugendweihe erhalten. Wir hatten das mit Hilfe der Kirche, unseres Pfarrers und des Superintendenten durchgesetzt. Wir sind ganz froh darüber. Ich muß dem hier Gesagten widersprechen. Bei uns war es anders. Es gibt keine absolute Wahrheit.

Unser Sohn kam dann zum Studium an die Mathematische Fakultät der Humboldt-Universität. Da ging der Kampf wieder los. Diesmal ging der Kampf um die Bewerbung als Reserveoffiziersanwärter. Das ganze Seminar mußte unterschreiben, daß alle Studenten Reserveoffiziersanwärter werden wollten. Ich muß sagen, daß ich auf unseren Sohn stolz war. Als einziger im Seminar hat er diese Unterschrift verweigert. Aber dann haben wir uns in der Familie überlegt: Nun haben wir es geschafft, daß er studieren konnte; jetzt steht er kurz davor, und nun geht der Kampf wieder los. Da habe ich auf meinen Sohn eingeredet, doch Reserveoffiziersanwärter zu werden. Dafür schäme ich mich heute furchtbar. Aber unser Sohn hat widerstanden. Er hat - und darauf bin ich heute stolz - nicht unterschrieben. Er hat dadurch auf der Universität noch viele Nachteile erlitten. Er ist als letzter seines Seminars vermittelt worden, obwohl er der Beste in diesem Seminar war, wie er es immer war.

Und eine andere Sache: Es gab diese Hungersnot in Küstrin. Das Irische Rote Kreuz spendete Lebensmittel. Da gibt es ein Foto, wie die hungernden Kinder unter einem Plakat sitzen, auf dem "Spende des Irischen Roten Kreuzes" steht. Dieses Bild habe ich lange vor der Wende dem Redakteur einer Zeitung gegeben. Dort hat man das wegretuschiert und folgendes daraus gemacht: "Speisung verhungernder Kinder in Küstrin aus Spenden der sowjetischen Armee". Das habe ich gelesen. Ich habe mich geschämt. Ich habe überlegt, was ich machen solle. Es gab doch keinen Grund, so etwas zu retuschieren und zu ändern. Aber ich habe nicht den Mut gehabt, dagegen anzugehen, auch immer wieder aus Angst wegen meiner Kinder.

Es ist eben nicht so leicht, wie das hier Herr Poppe gesagt hat. Die Sippenhaft drohte ja immer in diesem kommunistischen System.

Jetzt kommt das ganz Schlimme: Nach der Wende habe ich bei der Zeitung verlangt, daß das nun in Ordnung gebracht wird und daß sie sich entschuldigen. Da hatte ich dann den Mut dazu. Es hat ein halbes Jahr gedauert, bis dieser Redakteur das zurückgenommen hat. Er war noch lange im Amt. Das ist auch eine Schande.

Aber noch einmal: Ich schäme mich vieler Dinge, wenn ich höre, wieviel Widerstand hier geleistet worden ist. Aber es ist nun einmal so: Die Angst - davon habe ich gesprochen - war einfach da. Das muß man sehen. Es sind nicht alle Helden.

(Beifall)

Diskussionsleiter
/Karl Wilhelm Fricke: Vielen Dank. Wieder ein Beitrag, der sehr nachdenklich stimmt. Trotzdem muß ich in der Rednerliste weitergehen. Frau Berg.

Frau Berg: Mein Name ist Inge Berg. Ich spreche für die Interessengemeinschaft der ehemaligen Grundstücksbesitzer auf dem Mauerstreifen e. V.

Ich möchte hier ganz kurz über den schwärzesten Tag in der deutschen Nachkriegsgeschichte sprechen, und zwar ist das der 13. August 1961, der Tag des Mauerbaus. Gleichzeitig war das der eklatanteste Machtmißbrauch des SED-Regimes zur Sicherung seines Unrechtsstaates.

Bei der ganzen Größe dieses ungeheuren Geschehens wird immer wieder vergessen, daß am Tage des Mauerbaus die Besitzer des dortigen Grund und Bodens die ersten Opfer des Berliner Mauerbaus waren. Mit uns wurde genauso verfahren wie bei Frau Rothe mit den Mitteldeutschen. Wir mußten innerhalb von Stunden unsere Grundstücke verlassen. Es gab Szenen, die an Horrorfilme erinnern. Gerade hier in Berlin und auch in den Randgebieten sind ja die Straßen eng. Es war nicht einmal möglich, Fuhrwerke zu bekommen. Die Leute haben versucht, auf Leiterwägelchen ihre Habe herauszuholen. Sie mußten zusehen, wie einen Tag später ihre Häuser plattgewalzt wurden und der Rest ihrer Habe verbrannt wurde. Überlegen Sie sich einmal: Ein paar Meter weiter blühten die Rosen, und die Kinder spielten, und sie sahen zu, wie ihre Grundstücke plattgewalzt wurden!

Aus Zeitgründen möchte ich das jetzt nicht weiter ausführen. Es ist nur eines: Auch beim Fall der Mauer ist eigentlich niemals daran gedacht worden, daß wir auch noch da waren. Im Gegenteil, dadurch, daß wegen der Angst, die hier erwähnt wurde, keiner wagte, über den Mauerbau zu sprechen, über den "Friedenswall", waren wir ja voll aus der Öffentlichkeit verschwunden. Unsere Leute sind damals dreckig angekommen. Sie hatten sich Kohlenwagen organisiert. Ich habe Bilder gesehen, die mir heute noch die Tränen in die Augen treiben. Sie sind in Häuser gekommen, wo ihnen gesagt wurde: Bringt uns kein Ungeziefer rein! - Sie hatten vorher aber wunderhübsche selbstaufgebaute Siedlungshäuser. Und so dreckig und speckig kamen sie da an! Das ist doch auch gar nicht mit Worten zu schildern.

Wie sieht es aber heute aus? Wenn wir wegen dieser damaligen Dinge an Politiker schreiben, z. B. an Herrn Schäuble, bekommen wir Briefe, in denen es heißt: Der Mauerbau war eine ordnungspolitische Maßnahme! - Mauerschützen werden verurteilt, aber den Mauerschießstand behält Bonn. Das ist eine ordnungspolitische Maßnahme.

Können Sie sich vorstellen, wie uns zumute war? Ich habe ein Grundstück in der Bernauer Straße, das 200 Jahre in der Familie war. Können Sie sich vorstellen, was es für uns bedeutete, wenn wir erfahren haben, wie auf unserem Grundstück oder auf den Nachbargrundstücken die Leute verblutet sind?

Ich habe mir die Grundbücher geholt. Meine Vorfahren waren erst so verschuldet, und nach und nach haben sie abgezahlt. Wir sind ja, wie Frau Rothe sagte, auch keine reichen Leute. Wir haben 30 Jahre unseren Grund und Boden nicht benutzen können. Unsere Häuser sind abgerissen. Wir wagen ja nicht einmal zu sagen, daß wir unsere Häuser wiederbekommen oder eine Entschädigung dafür haben wollen. Wir wollen nur unser nacktes Stückchen Grund und Boden wiederhaben. Aber das wird uns von der Bundesregierung auch verweigert. Von Frau Leutheusser-Schnarrenberger bekommen wir einen Brief, in dem es heißt:

> Enteignungen zum Zwecke des Berliner Mauerbaus sind auch nach der Vereinigung rechtlich weiterhin wirksam.

Das zieht uns doch die Schuhe aus! Es gab sogar in der DDR ein Gesetz, das im Mai 1982 verabschiedet wurde. In ihm steht, daß nach Abbau der Verteidigungslinien alle ehemaligen Eigentümer ihre Grundstücke wieder zurückbekommen sollen. Das Enteignungsgesetz ist in Bonn festgeschrieben worden, aber über das Gesetz, daß wir das wieder zurückbekommen, wird nicht gesprochen. Das läßt man unter den Tisch fallen.

Damit sind wir auf keinen Fall einverstanden. Und wir möchten bitten, daß man uns auch in diesen Fällen hilft.

Diskussionsleiter
/Karl Wilhelm Fricke: Ich bitte Sie, zum Schluß zu kommen.

Frau Berg: Es wird jetzt so viel über den Aufschwung des Mittelstandes gesprochen. Was sind wir denn? Wir sind doch im Grunde genommen der Mittelstand. Ich könnte sofort an zehn Fingern die Leute aufzählen, die sich sofort in den Randgebieten wieder ihre Häuser aufbauen würden. Dann würden wir statt Rechtsanwälte und Gerichte Architekten und Bauleute beschäftigen.

(Beifall)

Innerhalb von einem bis anderthalb Jahren würden soundsoviel Wohnungen frei werden, weil wir wieder in unsere kleinen Häuser ziehen würden. Wenn z. B. in der Bernauer Straße größere Häuser gebaut würden, könnte man die viel billiger bauen, weil wir dann den Grund und Boden nicht kaufen müßten. Wir könnten die Mieten viel preiswerter halten. Und wir würden sofort anfangen.

Aber man muß uns lassen, und man darf nicht dieses Hickhack vor den Gerichten mit uns machen. Wir können ja nicht einmal zu den Gerichten gehen. Da wir nicht in das Vermögensgesetz, in die Lex specialis aufgenommen worden sind, haben wir nicht einmal das Recht, den Artikel 19 des Einigungsvertrages für uns in Anspruch zu nehmen, der beinhaltet, gegen Verwaltungsunrecht und Machtmißbrauch der DDR anzugehen. Das können wir nicht, weil wir ja gar nichts sind! Kein Gericht kann für uns etwas tun, weil wir nicht in die Lex specialis im Vermögensgesetz aufgenommen worden sind.

Ich weiß manchmal gar nicht, was ich unseren Mitgliedern sagen soll, die - wie auch Frau Rothe sagte - langsam sterben. Seitdem ich hier um unser Grundstück kämpfe, sind zwei meiner Familienmitglieder gestorben. So geht das doch nicht. Die Forderung unseres Interessenverbandes ist es, so schnell wie möglich und so unbürokratisch wie möglich eine Lösung zu finden, um hier in Berlin und in den Randgebieten diese Brache endlich wieder in den Griff zu bekommen und uns eine Möglichkeit zu geben, daß wir investieren können. Es ist genau so, wie Frau Rothe sagte: Wir als Alteigentümer werden nicht einmal bevorzugt, wenn wir mit Investitionen kommen, weil wir ja eigentlich keine Alteigentümer sind, denn wir sind nicht in die Lex specialis aufgenommen worden.

Das ist ein entsetzlicher Teufelskreis, der endlich durchbrochen werden muß.

Eines muß ich dazu allerdings noch sagen: Wir bekommen immer mehr Politiker auf unsere Seite. Ich denke daran, daß das Abgeordnetenhaus einen Stopp des Verkaufs der Berliner Mauergrundstücke beschlossen hat. Frau Professor Limbach und Herr Radunski sind auch auf unserer Seite. Darum möchte ich diesen Politikern, die mit uns kämpfen, und auch allen Reportern meinen Dank aussprechen. Man zieht so oft über die Reporter her, aber ich kann nur sagen: Wir haben von den Reportern so viel Verständnis gefunden. Sie haben versucht, mit uns im Nassen, im Kalten auf den Grundstücken Aufnahmen zu machen. Sie haben sich mit uns durch Berge von Hintergrundmaterial durchgelesen. Darum möchte ich auch den Reportern noch einmal meinen Dank aussprechen, die immer versucht haben, eine sachliche Darstellung unserer Fälle zu geben.

(Beifall)

Diskussionsleiter
/Karl Wilhelm Fricke: Frau Berg, Ihre Intervention, leidenschaftlich vorgebracht, ist auch zu Protokoll genommen und wird in diesem Sinne dann auch ausgewertet.

Es ist mir jetzt eine Ehre, die Präsidentin des Deutschen Bundestages, Frau Professor Süssmuth, zu begrüßen.

(Beifall im ganzen Hause)

Frau Präsidentin, ich bitte um Verständnis, wenn ich noch zwei Wortmeldungen berücksichtige und dann die Diskussion schließe. Ich verbinde die Worterteilung mit der Bitte, sich kurz zu fassen. Zunächst spricht Hermann Weber.

Dr. Hermann Weber: Ich habe nur zwei Fragen.

Die erste richtet sich an Herrn Schälike: Es war für mich sehr interessant zu hören, daß vor Ihrem Ausschluß offenbar eine ganze Gruppe diskutiert und sich orientiert hat. Wie war es Ihnen gelungen, die Parteidisziplin, die ja diese Partei einigte, hier zu überspringen? Oder hat das schon gar keine Rolle mehr gespielt?

Die zweite Frage geht an Herrn Schuller. Sie haben zum Schluß zu Recht darauf hingewiesen, daß der Alltag unter Umständen etwas ist, was nicht nur dem entspricht, was wir hier sehen. Die Repression ist natürlich ein wichtiger Teil, aber daneben - das wissen wir alle - gibt es Arbeit, Familie, Kinder, Liebe, Leid usw. Nur wäre es interessant zu überlegen - ich weiß nicht, ob Sie sich das zutrauen -, wie man das verbinden kann. Beim Alltag kann man ja auch sagen, daß es selbstverständlich auch den alltäglichen Stalinismus gab. Das ist also etwas, was nicht einfach zu trennen ist. Ich habe das Gefühl, daß bei solchen nostalgischen Erinnerungen manchmal übersehen wird, wie das verzahnt ist. Wie kann man das beschreiben, oder wo gibt es Ansätze? Mir ist klar, daß es schon von der Zeit her gar nicht möglich sein wird, das jetzt zu erläutern. Aber ich wollte das als Diskussionspunkt hier noch anführen.

Sv *Schälike:* Ganz kurz: Wir haben immer im Parteiauftrag gearbeitet. Nach dem ersten Parteiverfahren 1963, nachdem ein Vortrag im Parteiauftrag innerhalb der Parteigruppe gehalten wurde, bei dem nicht diskutiert wurde, sondern der sofort in Parteiverfahren mit Verweisen und Rügen endete, haben wir alle anderen Parteiaufträge abgelehnt, immer mit der Begründung, daß es sonst wieder zu Verfahren komme. Das Ergebnis war, daß diese Gruppe in die Parteileitung gewählt wurde. Und damit hatten wir in Rossendorf sozusagen als Parteileitung den Einfluß, bis es dann zum Parteiausschluß kam. Aber wir haben uns rein formell immer im Rahmen dieser herrschenden Technik bewegt. Die Beschlüsse über den Ausschluß kamen dann vom Politbüro und von der Bezirksleitung.

Sv *Dr. Schuller:* Herr Weber, wie man das machen kann, weiß ich natürlich auch nicht. Riesenforschungsprojekte mit unglaublichen theoretischen Ansätzen. Es gibt Dieter Voigt in Bochum, einen Sozialwissenschaftler, der aus der ehemaligen DDR kommt. Er macht so etwas ähnliches mit der Arbeitswelt. Aber für den jetzigen, augenblicklichen Gebrauch gibt es ein Verfahren, das die ganze Geschichtswissenschaft hindurch betrieben wird: die Schöne Literatur. Da kommt ja viel vor. Und da nenne ich nur einen Namen: Erich Loest. Also, provisorisch dieses.

Diskussionsleiter
/*Karl Wilhelm Fricke:* Ulrich Schacht als letzter auf dem Podium.

Sv *Schacht:* Wir haben eben eine ganze Reihe von praktischen Beispielen gehört, die sich nicht nur mit den Alltagsfolgen der Repression in der untergegangenen Diktatur beschäftigen, sondern - was ich viel bedrängender finde, und dazu noch ein Wort - mit der partiellen Unfähigkeit der parlamentarischen Demokratie der 80er und 90er Jahre, sich daran zu erinnern - wir sind ja auf einem Erinnerungsforum -, daß man seit 1969 mit eben dieser Diktatur sozusagen in immer größerer Nähe zu leben versucht hat und daß dabei eine ganze Reihe von Wissensbeständen aus dem Hinterkopf ins Nichts gesagt sind.

Die sogenannten juristischen Schwierigkeiten, mit denen wir uns hier und einige Verbände sich beschäftigen, sind ja gar keine juristischen Schwierigkeiten. Das ist Nebel, der geworfen wird, entweder aus Dummheit oder aus Berechnung.

(Beifall)

Die wirklichen Schwierigkeiten sind die politischen Vorentscheidungen und die politischen Bedingungen, die sich seit 1969 in der damaligen Alt-Bundesrepublik Deutschland entwickelt haben. Sie haben sich aus dem ergeben, was "neue Ostpolitik" genannt wurde, und aus der sukzessiven Legitimierung eines von Anfang bis Ende illegitimen Staates, einer Diktatur. Das ist das Entscheidende, was hier immer wieder verschwindet und was immer wieder gesagt werden muß.

So haben wir es heute mit dem Fluch der bösen Tat zu tun, die sich als gute verstanden oder getarnt hat. Das ist unser Ergebnis, und das ist das Gesamtergebnis, mit dem wir es alle miteinander zu tun haben.

Deswegen kommt auch keine Bundesregierung, nicht einmal die, die für 1969 sozusagen gar nicht verantwortlich ist, also die jetzt amtierende, die, durch Koalitionäre mehr oder weniger gezwungen, sozusagen diese böse Tradition der Anerkennung eines illegitimen Regimes übernommen hat, darum herum, sich dazu durchzuringen, die Konsequenzen ihrer eigenen politischen Analyse ernst zu nehmen, nämlich ein kriminelles Regime und seine Vertreter als kriminelle Organisation zu bezeichnen und einzuschätzen mit allen Konsequenzen in dieser Gesellschaft.

Wenn dies nicht passiert, werden wir noch lange solche Kommissionen und solche Sitzungen veranstalten können, und dann wird die biologische Lösung bei den "Randgruppen" erfolgreich sein, wie wir ja überhaupt auch bei der Entschädigung der politischen Häftlinge - ich darf das hier als ehemaliger politischer Häftling sagen - erbärmliche Schauspiele erlebt haben,

(Beifall)

wie wir erlebt haben, daß um 300, 400 DM mehr gefeilscht wird. Das ist ungefähr das Widerlichste, was ich in meiner Erfahrungszeit in der Bundesrepublik Deutschland erlebt habe. Ich mag dieses Geld gar nicht in Anspruch nehmen, weil das so erbärmlich ist, weil hier selektiert und zweitklassig verhandelt wird. Hier werden die Häftlinge in die vor 1945 und die nach 1945 selektiert. Und keiner der Verantwortlichen, die das Wort haben - ich kenne eine ganze Reihe von Politikern aus allen Parteien, die sich sehr wohl Gedanken darüber machen -, bringt die Sensibilität auf, irgendwo zu begreifen, daß es in Brandenburg - und der Dachdecker steht gerade vor Gericht, er könnte ja mitreden - auch nach 1945 auf der einen Seite verlorene Jahre waren, die man dort unter unwürdigsten Bedingungen verbringen mußte. Und da werden wir gezwungen, Marktfeilschen mitzumachen. Ich finde das erbärmlich. Und wenn dieses Parlament und wenn diese Kommission das nicht schaffen, dann werden sie eines Tages mit Bürgerrechtsbewegungen mit anderen Motivationen konfrontiert werden, und die Zeit ist interessant dafür.

(Beifall)

Diskussionsleiter
/Karl Wilhelm Fricke: Vielen Dank, Ulrich Schacht. Die Zustimmung signalisiert die Zustimmung der Mehrheit in diesem Forum.

Natürlich kann die Enquete-Kommission nicht alles erledigen, was heute an Problemen auf den Tisch gepackt ist. Ich sehe den Beitrag der Enquete-Kommission vor allen Dingen darin, daß sie hilft, die Geschichte und die Folgen der SED-Diktatur in Deutschland verstehen zu machen; denn ohne das Verständnis für die Vergangenheit, für die Ursachen, die bis heute fortwirken, sind auch die Probleme, die uns gegenwärtig bedrücken, nicht lösbar.

In diesem Sinne glaube ich schon, daß diese öffentliche Anhörung in diesem Reichstag mit seiner Geschichte einen politischen Sinn gemacht hat. Was zur Sprache gekommen ist - ich wiederhole es noch einmal -, ist alles sorgfältig protokolliert, so daß es nicht für den Tag verloren ist, sondern daß darauf zurückgegriffen werden kann. Und daß dies geschieht, darin wird auch eine Aufgabe der Abgeordneten liegen, die in dieser Enquete-Kommission sitzen. Ich darf das sagen, auch wenn ich hier nur als Sachverständiger vertreten bin.

Vielen Dank.

Soweit ich unterrichtet bin, ist das Programm insofern geändert, daß jetzt eine öffentliche Pressekonferenz der Obleute und vor allen Dingen der Frau Präsidentin des Deutschen Bundestages angesagt ist. Sie alle sind herzlich eingeladen, daran teilzunehmen.

Vorsitzender **Rainer Eppelmann:** Das heißt zu deutsch: Herzlichen Dank an Sie. Ich bitte Sie, die Plätze für uns zu räumen.

Öffentliche Pressekonferenz der Präsidentin des Deutschen Bundestages und der Obleute der Enquete-Kommission

Diskussionsleiter
/**Karl Wilhelm Fricke:** Meine Damen und Herren! Ich eröffne die Pressekonferenz zur Anhörung der Enquete-Kommission in Berlin und darf zunächst dem Vorsitzenden dieser Kommission, Herrn Abgeordneten Rainer Eppelmann, das Wort erteilen.

Vorsitzender **Rainer Eppelmann:** Meine sehr verehrten Damen und Herren! Zwei Tage lang haben wir eine Reise unternommen, eine Reise in die Vergangenheit. Ich glaube, jeder, der in diesem Raum war, hat gespürt, daß diese Vergangenheit, selbst wenn sie schon 30 oder 40 Jahre vergangen ist, ganz lebendig wurde.

Wir haben, glaube ich, auch feststellen können, daß es wehtun kann, Erinnerungen zuzuhören, und daß vor allen Dingen Erinnern wehtun kann. Immer dann, wenn soziale und politische Bezüge zu heute hergestellt worden sind, ist aber auch deutlich geworden, daß offensichtlich auch Teilen wehtut.

Wenn die zwei Tage gestern und heute mit dazu beitragen könnten, daß wir es schaffen, noch mehr Verständnis, mehr Sensibilität aufzubringen, uns in die Schuhe derer, die damals gelitten haben, zu stellen und dann noch überzeugender als bisher zu teilen, dann wäre - so glaube ich - viel erreicht.

Mancher wird vielleicht sagen: Ihr habt euch hier auf den Weg gemacht, um den Alltag in der Deutschen Demokratischen Republik zu hinterfragen, vorzustellen. - Ich glaube, daß uns das gelungen ist, wenn auch sicherlich nicht in 16 Millionen Facetten. Aber ich möchte jedem, der hier gewesen ist, noch einmal deutlich sagen: Es waren Tausende, viele Tausende, von denen in diesen zwei Tagen geredet worden ist. Und ich glaube, auch darin sind wir uns einig: Ein einziger noch wäre zuviel!

Lassen Sie mich für die Enquete-Kommission noch einmal sagen: Es wird diesen Brief geben, einen Brief an die zuständigen Ausschüsse des Deutschen Bundestages mit der dringenden Forderung um Beschleunigung und Nacharbeit. Ich gehe davon aus, daß die Enquete-Kommission unter den politischen Persönlichkeiten unseres Landes um Unterstützung werben und bitten wird. So verstehe ich auch das Hiersein der Präsidentin des Deutschen Bundestages.

Ein sehr persönlicher Satz zum Schluß. Für mich ist in den letzten beiden Tagen durch die Formulierung vieles auf den Punkt gebracht worden: Die DDR war der permanente Anschlag auf die Würde des Menschen.

Ich bitte Sie, sehr verehrte Frau Präsidentin, zu uns zu sprechen.

Präsidentin Dr. Rita Süssmuth: Herr Vorsitzender! Lieber Herr Eppelmann! Mitglieder der Enquete-Kommission! Meine Damen und Herren! Wenn ich hier am Ende der Veranstaltung kurz das Wort ergreife, dann möchte ich die Motive kurz benennen.

Das erste, was mir wichtig ist, ist, denen zu danken, die diese Veranstaltung durchgeführt haben, und vor allem denjenigen, die hier gesprochen haben. Denn ich glaube - ich sage das aus der Situation meiner Person, die Vergleichbares nicht erfahren hat -, es ist wahnsinnig schwierig, das, was man erfahren hat, dann auch noch öffentlich erinnernd in Sprache umzusetzen, das, was zum Allerpersönlichsten und doch zugleich zu dem gehört, was man durch Staat, die Mitmenschen mit ihren unterschiedlichen Funktionen und auch ganz persönlich erfahren hat. Wir wissen auch aus Dokumenten nach 1945, was das dem einzelnen abverlangt.

Und dennoch: Nach dem, was ich heute morgen gelesen habe, was mir Herr Eppelmann vom gestrigen Tage berichtet hat, ist neben der großen Anstrengung, dem Stammeln, den Tränen - von denen ich sagen muß: Gut, daß es noch die Fähigkeit zum Trauern gibt! - auch deutlich geworden, wie schwierig es ist, Alltag einzuschätzen, wie unterschiedlich er für die einzelnen war, auch wenn Sie gerade noch einmal die überwölbende Überschrift "Anschlag auf die Würde des Menschen" genannt haben.

Es ist vom SED-System und -Regime gesprochen worden. Für mich ist ganz wichtig, daß wir etwas mitnehmen: Es genügt nicht, wenn so etwas im Grundgesetz steht - es muß gelebt und praktiziert werden.

Das zweite, das gestern und heute deutlich geworden ist, ist, wie es den Gruppen ergangen ist, die als politisch Andersdenkende eigentlich im Sinne dessen, was auch in der Verfassung der früheren DDR stand, leben wollten, denken und handeln wollten, welche Unterdrückung und welche Repression sie erfahren haben, nicht nur als Intellektuelle, als alltägliche Bürger aus den Gruppen, ob es nun Verweigerer des Wehrdienstes in den Gruppen "Frieden und Menschenrechte" waren, ob es diejenigen waren, die wegen ihrer christlichen Überzeugung ausgegrenzt waren, die von Ausbildung, Studium und Beruf ausgegrenzt wurden. Ich denke, die Palette ist breit, und "Repression" ist ein viel zu sanfter Ausdruck für das, was an tiefsten Verletzungen bis hin zu Zerstörungen erfolgt ist.

Ich habe nicht persönlich folgen können, möchte aber einiges sagen, was mich gegenwärtig beschwert und was offenbar auch der gestrige Tag noch einmal zum Ausdruck gebracht hat. Das ist die Aufforderung an mich und an uns: Vermeiden wir wenigstens einen Teil der Fehler, die wir nach 1945 unter ganz anderen Bedingungen begangen haben. Ich erinnere an die Auseinandersetzungen, die zunächst durch die Alliierten durchgeführt wurden. Im Rahmen meiner kurzen Ausführungen will ich darauf jetzt nicht eingehen.

Da möchte ich drei Punkte besonders herausheben. Ich weiß nicht, inwieweit das auch Gegenstand Ihres Briefes ist.

Mich bedrückt besonders nachhaltig - und hier können wir uns auch als Parlamentarier nicht zufriedengeben -, daß die Benachteiligten und Unterdrückten von gestern wiederum auch die Benachteiligten und Ausgegrenzten von heute sind. So können wir Unrecht nicht wiedergutmachen!

(Beifall)

Ich glaube, das ist das, was ich am häufigsten erfahre, nicht nur hier, sondern auch wenn ich Ihnen an anderen Orten begegne. Und ich verstehe auch diejenigen, die uns wegen des Unrechtsbereinigungsgesetzes sehr kritisch angehen. Ich glaube, wir alle wissen, daß trotz der Schwierigkeiten in unseren Finanzkassen darüber noch nicht das letzte Wort gesprochen sein kann. Ich gebe mich jedenfalls nicht damit zufrieden und weiß, daß viele Parlamentarier das auch nicht tun. Sie alle wissen, wieviel Ungereimtes es auch bei Gutmeinenden gab und gibt hinsichtlich dessen, was ich "Entschädigung" nennen möchte. Wir hatten auch einmal das furchtbare Wort "Wiedergutmachung". So etwas kann man nicht wiedergutmachen. Also sollten wir solche Wörter nicht erfinden. Aber wenn man überhaupt einen finanziellen Ausgleich gibt, damit wenigstens noch ein Rest an Lebenschancen wahrgenommen werden kann, dann ist dies nicht zu Ende geführt.

Ich füge in den Fragenkatalog, der hier auch zur Sprache gekommen ist - jedenfalls entnehme ich das dem, was ich jetzt am Ende mitbekommen habe -, ein: Zu dem, was Alltag in der früheren DDR ausmachte, gehört auch die Frage: Und wie sind wir damit umgegangen? Was war denn unser Alltag?

Mir ist das eben zu schnell gegangen, als gesagt wurde, das sei entweder Dummheit oder Berechnung gewesen. Es war weiß Gott komplizierter. Hier sitzen ja Mitverantwortliche am Tisch, und ich nehme mich für die Zeit ab 1985 gar nicht aus. Wir alle müssen uns hier fragen, wenn man sagt, es habe Anpassung und Verweigerung, Anpassung und Repression gegeben: Was war unter diesen Bedingungen zu tun, was haben wir richtig gemacht, und was hätten wir anders machen können?

Ich finde, diese Frage gehört auch mit dazu, weil der Alltag in der früheren DDR in hohem Maße von dem abhängig war, was die Schwestern und Brüder im freien Teil Deutschlands taten und was die Europäer, was die Alliierten taten. Dies alles gehört auch zum Alltag in der früheren DDR und kann nicht außen vor gelassen werden. Denn wenn wir danach fragen, wie es bei euch war, müssen wir gleichzeitig fragen, wie es bei uns war. Und wer da sagt, er wasche seine Hände in Unschuld, den möchte ich erst noch geboren wissen. Sie können in diesem Bereich nicht handeln, ohne gleichzeitig auch Fehler zu machen in Anpassungen, die notwendig waren, und in Unterlassungen. Ich denke, beides gehört zusammen. Niemand sollte also sagen: Wir haben den Stein der Weisen gefunden, wir haben uns immer richtig verhalten.

Ich komme gerade von einer Veranstaltung "25 Jahre Deutsches Hilfswerk und Diakonie". Wie hätten denn Krankenhäuser, Behindertenheime, Altenheime ausgesehen, wenn wir nicht auch Wege gegangen wären, wo jeweils überlegt werden mußte: Geht es noch oder geht es nicht mehr? Da fangen dann die Fragen an.

Ich habe es häufig erlebt - das möchte ich als letzten Satz sagen -, daß an einem Tag ein Mitglied der Oppositionellen uns sagte: Wenn ihr nicht bald aufhört, diesen Staat zu stabilisieren, dann ist die Lage für uns hoffnungslos! - Dann waren am anderen Tag diejenigen da, die sagten: Ihr müßt unbedingt sehen, daß sie doch die Ausreise erhalten; ihr müßt mehr tun für Besuche und Begegnungen! -

Ich denke, es gibt kein menschliches Handeln frei von Verantwortung und Schuld. Wenn wir das daraus lernen, dann ist für mich das Tröstliche und Hoffnungsvolle, daß offenbar hier Menschen, die bereit waren, sich öffentlich zu erinnern, auch die Chance gegeben wurde, sie mit ihrer Geschichte, ihrem Alltag anzunehmen und nicht schon wieder mit Urteilen und Vorurteilen zu belegen; denn eine Tabuisierung hat uns in keinem Bereich weitergebracht. Ich sage sogar: Das, was wir auch gegenwärtig an Antisemitismus haben, hat auch etwas mit falschen Tabuisierungen zu tun.

Ich danke allen noch einmal ganz herzlich.

(Beifall im ganzen Hause)

Diskussionsleiter
/<u>Karl Wilhelm Fricke:</u> Vielen Dank, Frau Präsidentin. Der Beifall erübrigt jeden Kommentar. Nur ein Wort noch: Die Aufarbeitung der Geschichte der SED-Diktatur ist eine gesamtdeutsche Aufgabe.

Ich darf nun die Obleute der Enquete-Kommission bitten, einzeln ihre Statements abzugeben.

(Ende der Niederschrift)

Sprecherregister

a) Mitglieder der Kommission

Frau Abg. Barbe	58-61
Abg. Dehnel	57
Abg. Eppelmann	1, 12, 73/74
Sv Fricke	12/13, 15, 17, 19, 22, 24/25, 27, 28/29, 30, 31, 32, 33, 34, 41, 43, 45, 46, 47/48, 49, 50, 53, 54, 58, 61, 63, 65, 69, 70, 72/73, 78
Abg. Dr. Kahl	48
Abg. Meckel	31/32
Abg. Poppe	34-36, 41
Sv Prof. Dr. Weber	69
Abg. Prof. Weisskirchen	49
Sv Prof. Dr. Wilke	30
Frau Abg. Dr. Wilms	49

b) Zeitzeugen und Referenten

Frau Berg	65-69
Frau Jeske	42/43
Frau Rothe	15-17, 54-57, 57/58
Schacht	22-24, 27/28, 33/34, 70-72
Schälike	19-22, 32/33, 70
Dr. Schmutzler	17-19, 25-27, 29/30
Prof. Dr. Schuller	1-12, 62/63, 70
Seidel	14/15
Sengbusch	43, 44/45, 46/47
Frau Stege	13/14, 50-54
Voigt	64/65

c) Bundestagspräsidentin

Frau Prof. Dr. Süssmuth	74-77